"Marathon Running"
and the Study of Urban Culture development in China

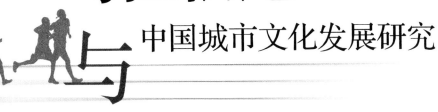

"马拉松跑"与中国城市文化发展研究

鲁 力 邹 卫◎著

四川大学出版社
SICHUAN UNIVERSITY PRESS

图书在版编目（CIP）数据

"马拉松跑"与中国城市文化发展研究 / 鲁力，邹卫著. 一 成都：四川大学出版社，2022.8
ISBN 978-7-5690-5646-4

Ⅰ.①马… Ⅱ.①鲁… ②邹… Ⅲ.①马拉松跑－运动竞赛－关系－城市文化－文化发展－研究－中国 Ⅳ.① G122 ② G822.87

中国版本图书馆 CIP 数据核字（2022）第 159022 号

书　　名："马拉松跑"与中国城市文化发展研究
　　　　　"Malasong Pao" yu Zhongguo Chengshi Wenhua Fazhan Yanjiu
著　　者：鲁　力　邹　卫

选题策划：唐　飞　王心怡
责任编辑：王心怡
责任校对：张艺凡
装帧设计：墨创文化
责任印制：王　炜

出版发行：四川大学出版社有限责任公司
　　　　　地址：成都市一环路南一段 24 号（610065）
　　　　　电话：（028）85408311（发行部）、85400276（总编室）
　　　　　电子邮箱：scupress@vip.163.com
　　　　　网址：https://press.scu.edu.cn
印前制作：四川胜翔数码印务设计有限公司
印刷装订：四川盛图彩色印刷有限公司

成品尺寸：170 mm×240 mm
印　　张：11
字　　数：208 千字

版　　次：2022 年 10 月 第 1 版
印　　次：2022 年 10 月 第 1 次印刷
定　　价：60.00 元

本社图书如有印装质量问题，请联系发行部调换

四川大学出版社
微信公众号

前　言

　　马拉松长跑是世界上距离最长的田径项目之一，是对参赛者耐力、意志力的极大考验。随着 2014 年 10 月 20 日国务院 46 号文件《关于加快发展体育产业促进体育消费的若干意见》的正式颁布，国家开始大力鼓励和支持全国人民参与健身事业，尤其是群众性赛事与商业赛事审批权限的开放，使马拉松赛事的举办在全国掀起一股热潮。2020 年 5 月 20 日中国田径协会发布的《2019 中国马拉松年度报告》显示，2019 年马拉松赛事数量持续增长，全国共举办 1828 场次规模赛事（800 人以上路跑、300 人以上越野及徒步活动），覆盖了全国 31 个省区市，参与人次达 712 万，我国马拉松赛事在办赛场次规模和参赛人数上呈"几何式"上升趋势。

　　然而，"马拉松热"并不能掩盖其仍存在同质化问题严重、风险防范不足、危机应对不力、组织保障不全面等现实问题，伴随马拉松赛事举办而来的事故频发、人员伤亡不断、城市形象受损等负面影响也在制约着马拉松赛事举办地城市形象发展的脚步。在马拉松赛事快速发展、热度不断攀升的同时，为确保马拉松等体育赛事长效发展和其与城市之间的良性互动，有必要对其进行及时思考和反思。当前关于马拉松与城市互动发展的研究主要集中在宏观展现马拉松等体育赛事的发展与城市资源开发、安全与动机、体验与行为倾向等方面，学术界对于马拉松赛事与举办地城市形象发展的相互关系和影响因素研究还存在一定的空白，这也凸显了本书研究的现实意义和理论意义。

　　由于对本书研究具有直接借鉴价值的研究理论目前相对欠缺，因此本书前半部分首先采用扎根理论的质性研究方法尝试展开全新的探索性研究，通过对理论的完整构建，为接下来的定量实证研究做铺垫。本书以城市马拉松参赛者为研究对象，以马拉松赛事与城市发展为核心，提炼出影响其互动发展的主要影响因素，最终构建马拉松赛事与举办地城市发展模型。在此基础上，本书基于结构方程模型的方法，围绕赛事形象、目的地形象、参与动机和参赛者行为四个因素，分别对三个模型进行定量研究，以验证这几个因素之间的关系，尝

1

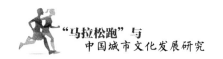

试给出促进体育赛事顺利举办和长期发展、城市产业发展和提档升级的相关建议。本书的章节安排如下：第 1 章为背景部分，详细阐述了中国城市马拉松赛事的发展现状和"马拉松热"形成的社会文化背景，并基于此分析本书的研究目的和研究意义，阐释研究内容和研究方法；第 2 章为文献综述部分，全面回顾了国内外有关马拉松赛事与城市文化发展的相关研究和理论进展，并阐述了由针对马拉松赛事和城市文化发展进行分析到以赛事形象和目的地形象为核心开展定量研究的内在联系和理论必要性；第 3 章为定性分析部分，主要结合已有理论结果，对 8 位马拉松赛事参与者进行深度访谈，并收集了 7 万余字的访谈资料，通过扎根理论的研究方法，运用三级编码对马拉松赛事与举办地城市发展相关概念和范畴进行界定和归纳，提炼主范畴，并尝试构建理论模型，对研究结论和分析结果进行阐述和总结；第 4～6 章是定量研究部分，基于扎根理论的研究结果，运用结构方程模型的研究方法，提取部分质性分析主范畴作为研究变量，围绕赛事形象、目的地形象、参与动机和参赛者行为四个因素，分别对三个模型进行定量研究，以验证这几个因素之间的关系；第 7 章为结论与建议部分，总结了本书的主要研究结论，同时阐述了相关理论贡献，根据研究结果尝试提出相关建议，并对未来研究进行了展望；第 8 章为案例分析部分，基于本书的研究结果，选择成都马拉松、北京马拉松和西安马拉松这三个具有代表性的马拉松赛事进行案例分析，从已有案例中探析马拉松赛事与举办地城市发展的相关路径。

本书的研究内容和理论框架由四川大学历史文化学院（旅游学院、考古文博学院）鲁力副教授提出，四川大学历史文化学院（旅游学院、考古文博学院）的邹卫老师参与了第 1～3 章内容的编写，硕士研究生王妍、刘哲、彭俊霖参与了第 4～7 章的部分数据收集和分析工作，本科生杨倩、杨逸乐参与了第 8 章案例分析的编写。本书的出版得到了教育部人文社会科学研究青年基金项目（批准号：17YJC890021）和四川大学"区域历史与边疆民族"学科群的资助支持。

由衷希望本书的出版能够为我国马拉松赛事与城市发展研究提供思路和帮助，也期待为体育赛事与城市互动发展和提档升级提供建设性指导和建议。

囿于时间、物力和作者水平，设想与事实或实践可能仍有一段距离，书中疏忽遗漏和错误之处在所难免，恳请专家、读者批评指正，我们愿意随时修正观点，与时俱进，共同提升马拉松赛事与目的地城市发展领域的研究水平！

编者

2022 年 4 月

目　录

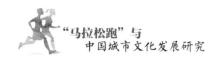

1 背景

　　马拉松文化起源于古希腊，它以马拉松运动为基础，以西方文化为主导，是当今世界体育文化的一种体现。[①]马拉松文化具有丰富的内涵，它不仅是一项体育运动，一种体育精神，更是一座桥梁，一种媒介，是物质财富与精神财富的集合。随着和平与发展成为当今世界的主流，以及人们对体育运动观念的转变，马拉松运动逐渐融入大众体育的范畴，并具有了全新的文化价值，包括坚持拼搏的现代体育精神、开放包容的平等精神、追求自我价值的精神等。

　　城市文化的内涵丰富，不同理论对城市文化的定义也不同。总的来说，广义的城市文化可以概括为一座城市在发展过程中所创造出来的物质财富与精神财富的总和。[②]以马拉松为代表的赛事活动对城市文化的建构与发展具有重要意义，马拉松不仅是城市现代化的标志，更有益于塑造城市形象，提升城市文化内涵，因此马拉松跑与城市文化发展成为重要的研究主题。[③]关于马拉松赛事与城市文化发展耦合关系的研究日渐深入，不仅研究对象更加具体，研究方法也更加丰富。本书以中国的马拉松赛事为研究对象，综合运用定性与定量研究方法，从马拉松赛事参与者等多角度出发，深入探讨了赛事与目的地城市文化发展的内在联系。同时，由于大部分马拉松跑者也是主办城市的旅游者，城市作为马拉松跑者的旅游目的地，其城市文化融入了目的地形象的构建过程，因此在实证研究部分，本书选取"目的地形象"作为主要潜变量之一，旨在实现对城市文化的量化过程。

---

①　汤文瑞. 关于当前我国"马拉松热"现象的社会学分析［J］. 四川体育科学，2019，38（4）：25－29.

② 王立. 城市文化建设问题研究综述［J］. 重庆邮电大学学报（社会科学版），2008（2）：118－121.

③ 张登峰. 马拉松赛事对城市发展的影响［J］. 体育文化导刊，2011（11）：12－14.

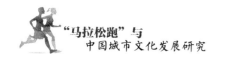
1.1　全球马拉松发展现状

马拉松运动最早起源于西方，西方国家及日本的马拉松赛事发展要早于中国。现代城市马拉松的起步可以追溯到 1896 年，这一年夏季奥林匹克运动会的成功举办，催生了波士顿马拉松的诞生。波士顿马拉松于 1897 年 4 月 19 日首次举办，是世界上第一个城市马拉松比赛，也是当今世界最受瞩目的马拉松赛事之一。受到波士顿马拉松的影响，其他城市的马拉松比赛，包括伦敦马拉松、巴黎马拉松等相继问世。现如今，芝加哥马拉松、纽约马拉松、波士顿马拉松、柏林马拉松、伦敦马拉松及东京马拉松凭借久负盛名的影响力、盛大的赛事规模、规范的赛程、高质量的服务被公认为六大世界马拉松大满贯赛事（WMM 世界马拉松大满贯），参赛和完赛人数稳居全球高位。

近年来，马拉松参赛人数主要集中在北美、西欧、东亚等经济发达地区。据相关数据统计，全程马拉松参赛人数排名前 50 的国家有美国、英国、法国、德国、中国、日本等。以中国为例，根据中国田径协会发布的《2019 中国马拉松大数据分析报告》，2019 年我国累计参赛人次高达 712.56 万，认证赛事总参赛人次达 423.91 万。虽然中国位居前列，但考虑到我国庞大的人口基数，可以说我国马拉松发展仍处于起步阶段。此外，热爱跑步运动的美洲、非洲部分国家也拥有相对较多的全程马拉松参赛人数。总体来说，经济水平是决定国家马拉松赛事发展水平的重要因素，马拉松人口大国往往也是经济强国。

由于起步较早，许多全球知名的马拉松赛事早已成为城市文化的表现形式之一。就以世界最早的城市马拉松赛——波士顿马拉松为例，波士顿马拉松的参赛者、观众、城市居民与政府所体现出的团结协作与拼搏精神诠释了波士顿马拉松的人文情怀，而这种“情怀”也成为密切居民关系、树立共同价值观的“黏合剂”，沉淀为城市文化的重要组成部分（张晓琳，2020）。再以东京马拉松为例，首届东京马拉松于 2007 年举办，是马拉松大满贯赛事中最年轻的赛事。东京马拉松举办期间穿插着各种当地的传统节目，包括“金龙舞”“浅草大鼓”等，沿途的居民及市民团体表演音乐、舞蹈，摇旗助威。东京马拉松已经不仅仅是一项赛事，更是一个重要的节日，成为传统的城市文化与现代的都市文明交融的结晶。

1.2　中国马拉松发展现状

随着体育旅游规模的持续发展及体育旅游产品的不断丰富，越来越多的中国人开始将自己的运动爱好融入旅途当中。[①]体育旅游已经成为大众旅游休闲的"新宠"且发展势态迅猛。与此同时，越来越多的国家和地区开始重视体育赛事对主办城市社会经济的影响和作用，并通过借鉴已有经验举办更多既能吸引公民参与体育运动，又能提高主办地影响力和经济效益的体育赛事。而马拉松赛事以其成本费用较低、安全系数较高、社会效应显著等特点成为绝大多数国家和地区首选的体育赛事。

马拉松作为一项全球普及的长跑热门项目，已成为深入贯彻落实国家相关政策法规及指导意见，推动旅游与体育产业融合发展，培育体育旅游精品的体育旅游重点发展项目之一。根据中国田径协会马拉松平台的官方数据，2019年我国共举办中国田协 A 类马拉松赛事 330 场，B 类赛事 27 场。据《2019 中国马拉松年度报告》显示，中国马拉松赛事规模持续扩大，产业带动效应初现，影响力进一步放大。[②]随着马拉松赛事的数量、规模及影响力的不断扩大，马拉松赛事对城市的文化经济效益愈加明显，马拉松跑与城市文化的发展也逐渐成为备受关注和讨论的主题。

1.2.1　中国马拉松发展现状概述

马拉松运动虽然在我国也有较为久远的历史，但主要是由职业的马拉松运动员参与赛事，普通民众对于马拉松的了解较少。1981 年，中国田径协会在北京举办了国内首届正规的马拉松赛事——北京国际马拉松赛，马拉松运动才慢慢走进中国普通大众的视野。

1998 年，北京国际马拉松赛正式向全社会开放，允许业余选手参赛，并增加了半程马拉松、迷你马拉松等项目。这一改变打破了专业运动员与业余爱

---

① 搜狐网．调查报告显示：中国体育旅游悄然兴起［EB/OL］．(2017－06－27)［2022－02－08］．https://www.sohu.com/a/152378470_115239.

② 人民网．全民健身正当时［EB/OL］．(2019－06－13)［2022－02－08］．http://sports.people.com.cn/n1/2019/0613/c426584-31135200.html.

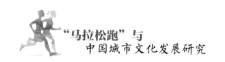

好者之间的界限，正式宣告了马拉松比赛大众化、社会化的到来。^①自此以后，越来越多的城市争相开始举办自己的城市马拉松赛，并希望借此提高城市的知名度，展现城市的形象与风貌，也有越来越多的民众参与到马拉松跑的队伍里来。

2014 年是中国马拉松赛事发展的又一个里程碑。这一年，国务院宣布取消商业性和群众性体育赛事的审批权，放宽媒体对马拉松赛事转播的限制，因此马拉松赛事的转播权成为各大卫视争夺的对象，为的是通过赛事转播获取利益。^②

近年来，在全民健身、全民运动的大背景下，马拉松运动的发展更是迎来了高潮，中国马拉松赛事已经进入了供不应求的火爆阶段。报名网站常常因为过高的点击率而瘫痪，数万个参赛名额在短时间内被一抢而空的现象更是屡见不鲜。现在几乎所有的马拉松比赛都要通过摇号抽签的方式来分配参赛名额，由于马拉松赛事的举办频率之高，可以说每个周末都称得上是"马拉松周末"。中国马拉松发展的向好趋势不仅体现在国内赛事的举办数量、规模和参赛人数上，其在国际上的影响力也可见一斑。图 1—1 为 2015—2019 年中国马拉松赛事场数及参赛人数。

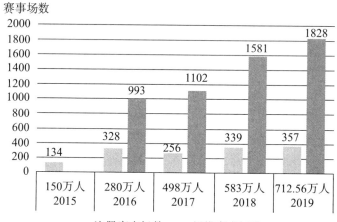

图 1.1　2015—2019 年中国马拉松赛事场数及参赛人数^③

① 汤文瑞. 关于当前我国"马拉松热"现象的社会学分析 [J]. 四川体育科学，2019，38 (4)：25—29.

② 孙高峰，刘燕. 热追捧与冷思考："马拉松现象"对城市文化的影响及理性审视 [J]. 北京体育大学学报，2018，41 (4)：38—43+88.

③ 数据来源：《2019 中国马拉松大数据分析报告》。

1.2.2 中国马拉松赛事的特征

1.2.2.1 公众参与度高

马拉松运动的门槛较低，它不仅允许职业马拉松运动员参赛，也欢迎业余马拉松爱好者的加入，相比于其他竞技体育赛事，马拉松对参与人群的要求更低，包容性更强。[①] 马拉松运动平等、包容的体育精神也鼓励不同国籍、不同信仰、不同职业的人们积极参与到马拉松运动当中。此外，由于马拉松赛事不需要营建或占用额外的体育场馆，举办马拉松最主要的条件就是一条城市赛道，对于参与者来说也没有比赛器材的要求，因此参与马拉松运动的便捷性使得马拉松运动的参与度居高不下。

1.2.2.2 社会关注度高

2014年地方媒体获得城市马拉松赛事的转播权以来，对马拉松赛事的报道越来越多，马拉松赛事的转播权成为各大卫视竞相争夺的对象。自此公众对马拉松赛事的关注度越来越高。一场城市马拉松赛的举办往往需要多个利益相关方的参与，除了赛事举办方需要对赛道地点、赛事流程等进行规划和设计，新闻媒体对马拉松赛事的宣传外，还需要政府部门、交通部门、环保部门、气象部门等的参与和配合。

1.2.2.3 对城市发展的影响力大

目前中国举办的马拉松赛事往往能给主办城市带来许多正面影响。首先，由于马拉松运动提倡健康运动、挑战自我，马拉松赛事的举办往往能宣传体育文化，普及体育知识，并在当地掀起一阵运动风潮。其次，马拉松赛事对主办城市起到宣传作用，提升城市知名度，并向大众展示城市的自然及人文形象。此外，城市马拉松赛对城市发展的影响还包括吸引投资、拉动体育消费、推动体育事业的发展等。

---

① 王靖涵，刘俊一. 马拉松文化价值生成机制研究 [J]. 体育文化导刊，2018 (5)：36-40.

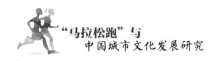
1.2.3 中国马拉松发展中存在的问题

1.2.3.1 马拉松赛事的运营水平有待提高

随着我国马拉松运动的飞速发展，城市马拉松赛的数量快速增加，参赛人数也呈井喷式增长，但总体而言，国内马拉松赛事的举办质量参差不齐，管理与服务水平的提升显然没有跟上马拉松发展的速度。马拉松主办方本身的经验与专业性不足，在组织赛事时不够规范，这些因素使得马拉松赛事总体结构失衡，低水平赛事数量居多。从管理体制来看，由于政府管控措施的不成熟及相关保障体系的不完善，有些马拉松赛事的主办方往往操之过急，企图压低成本，节约经费，导致赛事的某些环节出现问题。

1.2.3.2 赛事的同质化趋势较为明显

目前许多城市举办的马拉松比赛，其赛程设置、项目安排、宣传理念等都大同小异，缺乏主办城市的特色，易给公众造成审美疲劳。马拉松赛事的举办目标主要还是集中在扩大赛事规模及提高赛事水平上，在平台推广与市场运作等方面都缺乏创意。虽然最近几年马拉松的项目安排有所创新，如荧光跑、情侣跑等，但都未达到预期的效果。总体而言，马拉松赛事的同质化趋势越发明显，长此以往其影响力可能会大打折扣，失去对公众的吸引力，可持续的长足发展难以为继。

1.2.3.3 给城市交通及生态带来负面影响

举办城市马拉松赛，意味着对城市赛道的占用，这其中可能包括市民日常通勤的交通要道，导致城市交通效率的下降，严重时甚至造成某些交通地段的拥挤或交通瘫痪。此外，马拉松赛事的举办还可能会给主办城市的生态环境带来负担。部分参赛者会在赛道周围留下垃圾杂物，给城市保洁工作带来很大的负担。

1.3 "马拉松热"的社会文化背景

2014年国务院宣布取消商业性和群众性体育赛事的审批权，放宽媒体对马拉松赛事转播的限制，马拉松赛事的转播权成为各大卫视争夺的对象。近年来，在全民健身、全民运动的大背景下，马拉松运动的发展更是迎来了高潮，中国马拉松赛事已经进入了供不应求的火爆阶段。此外，西方马拉松文化的影响、大众体育意识形态的转变等社会文化因素也促进了"马拉松热"的盛行。

1.3.1 社会经济及体育旅游的迅速发展

党的十九大报告指出，中国特色社会主义进入新时代，我国社会主要矛盾已经转化为人民日益增长的美好生活需要和不平衡不充分的发展之间的矛盾。我国早在 2011 年便突破了人均 GDP 5000 美元的大关，在这十年间，运动与健康早已成为中国国民的生活主旋律之一。中国社会经济的发展使民众对于体育运动的热情越来越高涨，而被誉为跑步中的"极限运动"的马拉松凭借其参与门槛低、体验程度高、趣味性强等特点受到广大运动爱好者的青睐。①

体育旅游的迅速发展也是"马拉松热"产生的直接原因之一。在国家大力推动"旅游＋"的背景下，体育赛事成为"旅游＋"的重要载体和支撑，"体育＋旅游"的融合发展已成必然趋势。2016 年以来，相关政策文件的出台，充分体现了国家对推动体育旅游产业快速发展的决心和信念。2016 年 5 月 15 日，国家体育总局与原国家旅游局签署了《关于推进体育旅游融合发展的合作协议》，并共同发布《全国体育旅游发展纲要》。2016 年 12 月，原国家旅游局和国家体育总局共同印发《关于大力发展体育旅游的指导意见》（旅发〔2016〕172 号），要求到 2020 年，在全国建成 100 个具有重要影响力的体育旅游目的地，建成 100 家国家级体育旅游示范基地，推出 100 项体育旅游精品赛事，打造 100 条体育旅游精品线路，培育 100 家具有较高知名度和市场竞争力的体育旅游企业与知名品牌，体育旅游总人数达到 10 亿人次，占旅游总人数的 15％，体育旅游总消费规模突破 1 万亿元，而这也昭示着体育旅游的巨大发展空间。2018 年以后，随着国家旅游局的重组及国家文化和旅游部的成立，国家出台了更多的相关政策，推动体育项目产业化，推进体育旅游向更加全面深化的方向发展。

1.3.2 健康中国发展战略的推动

从国家近年来颁布的《"健康中国 2030"规划纲要》《全民健身计划（2021—2025 年）》等政策可以看出，政府将国民健康放在了十分重要的位置，希望通过全民健身计划将我国建设成为体育强国。根据《"健康中国 2030"规

---

① 张晓琳. 波士顿马拉松文化溯源与启示 [J]. 北京体育大学学报，2020，43（4）：134-141.

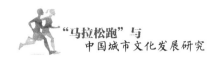
划纲要》分析，"共享共建，全民健康"将是建设体育强国的主题，并强调要发展休闲运动产业，因此，健身休闲的服务综合体成为发展重点，而"马拉松热"的盛行恰好迎合了健康中国发展战略的需要（姜琪，刘俊一，2018）。与此同时，人民网联合中国田径协会共同打造了"人民体育，健康中国"战略，通过鼓励大众马拉松赛事来贯彻健康中国战略。为了响应国家提出的健康中国发展战略，各地方政府也开始加大对体育赛事的资金投入，各种大型赛事如雨后春笋般不断涌现，为广大体育爱好者提供了追求健康、展现自我的平台。在健康中国发展战略的背景下，国家、地方政府及民众共同朝健康中国的目标迈进，在全国范围内掀起了一股运动健身的风潮。

1.3.3 西方马拉松文化的影响

马拉松文化起源于西方，具有很强的西方文化属性。它崇尚享受乐趣、超越自我、挑战极限的精神。现如今东西方的文化不断融合，马拉松文化传入中国并对中国的体育事业产生了很大的影响。

马拉松文化在随着时间、空间发展的过程中展现了强大的生命力，它在原有的文化内涵上又衍生出追随潮流、彰显个性等时尚元素。蕴含丰富的人文精神是西方马拉松文化的重要特征之一，它主要体现在对人的关怀及对自我价值实现的重视。西方马拉松文化的这些特性，对于物质条件逐渐优渥的中国大众来讲具有很大吸引力。西方马拉松文化在一定程度上为中国民众提供了审视运动、审视体育、审视自我甚至审视生活意义的全新视角，因此在马拉松爱好者的推动下，"马拉松热"在中国逐渐蔚然成风。

1.3.4 大众体育意识形态的转变

在几十年前，体育赛事多被国民视为夺取奖牌、争得荣誉的手段。后来随着国民生活水平的提高及体育事业的发展，国民的运动健康意识逐渐增强，对体育赛事的认知转变为追求健康体魄、挑战自我的方式。许多运动爱好者将目光投向了各种体育赛事，而马拉松赛事参与门槛低、风格多样化等特点也迎合了许多运动爱好者的个性化需求，成为最受青睐的体育赛事之一，马拉松赛事的数量与参赛人数也因此呈井喷式增长。

马拉松运动在中国的热度越来越高，成为许多人竞相追捧的时尚运动。很多人参加马拉松比赛，不单单是为了体验马拉松赛事的氛围，享受马拉松运动的乐趣，他们还会将自己参加马拉松运动的经历发布在社交媒体上"打卡"，作为展现自我、追随潮流的标志。互联网将这种追随潮流的跟风心理加以传播，加速了"马拉松热"的盛行。①

1.4 本书的研究目的与意义

马拉松跑与城市文化发展的关系越发密切，"马拉松热"的社会现象就越具有丰富的研究价值，因此马拉松赛事与城市文化发展之间的耦合关系成为国内外学者的研究对象。关于城市文化与目的地形象，现有研究认为城市文化因素对目的地形象的决定作用越来越明显。旅游者通过对旅游目的地的文化景观和旅游活动的感知构成目的地形象，而城市文化在旅游目的地的形象构建中起着决定性的作用。②由于目的地形象的量化研究已较为成熟，因此可以选取目的地形象来作为城市文化可量化的表现。本书在前人对赛事形象与目的地形象关系的研究基础上，引入了赛事参与者动机和赛事参与者行为两个潜变量，分别探讨了它们在赛事与目的地互动关系中担任的角色，综合提出并检验了赛事参与者动机—行为的完整模型。本书完善了前人对赛事形象和目的地形象研究的结构模型，填补了相关领域的研究空白，也为马拉松赛事举办方进一步改善目的地形象、建立赛事品牌、提升城市文化价值提供了指导意义。本书以城市文化的视角分析马拉松赛事与城市发展的耦合关系，综合考虑赛事发展过程中的有用经验和存在的问题，为中国相关体育赛事，尤其是马拉松赛事和城市文化发展及目的地体育赛事的品牌建设和形象优化提出建议。同时从对理论和实际两方面的启发阐述了对体育旅游产业发展的思考，具有理论意义与实践意义。

从理论意义上来讲，虽然国内外有大量的相关研究都考察了体育赛事对目的地经济和旅游产业发展等方面的影响，但鲜有研究关注目的地形象因素对于体育赛事，特别是马拉松赛事的影响，对于参赛者动机与这两者的关系研究更是寥寥。③本书以此前该领域的研究作为理论支持，建立了目的地形象与马拉松赛事形象的感知评价量表体系及两者相互关系的结构模型，对未来该领域的

---

① 熊行雯，赵洋. 我国城市马拉松赛事发展现状和对策建议［J］. 体育科研，2017，38（2）：23−27.

② 郭安禧，黄福才，孙雪飞. 旅游动机对目的地形象的影响研究——以厦门市为例［J］. 财经问题研究，2014（6）：132−139.

③ 王克稳，李慧，耿聪聪，等. 马拉松赛事旅游的国际研究述评、实践启示与研究展望［J］. 体育科学，2018，38（7）：80−91.

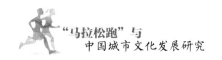
研究提供借鉴参考，也对依托体育赛事推动旅游发展提供一定的理论参考，并在一定程度上对两者之间的相互关系研究作进一步的补充完善，也填补了相关研究领域的空白。

在实践意义方面，马拉松赛事作为促进目的地旅游业发展的重要方式，其对游客的吸引力大小不仅受到马拉松赛事设计和营销的影响，还受到举办地（旅游目的地）品牌形象的影响。因此，研究马拉松赛事与目的地形象的相互关系，对于建设旅游目的地的品牌文化及发挥马拉松赛事的经济效益具有积极的促进作用。此外，优化马拉松赛事形象的构建和目的地品牌形象，对于最大限度地运用目的地旅游资源，进而促进马拉松赛事与旅游目的地的可持续发展具有重要的意义。同时，国内体育旅游产业的发展和规划起步较晚、问题较多，因此本书对于体育赛事形象及目的地形象的构建、升级和优化具有实际的指导意义，有助于促进旅游目的地品牌及赛事品牌的形成、改善和巩固、推广，为今后相关赛事和旅游目的地的发展创新提供思路和启发，从而提升体育赛事和目的地的旅游形象，进一步推动主办城市体育旅游产业的发展与进步。

1.5　本书的研究内容与方法

1.5.1　研究内容

本书的研究内容为马拉松跑及城市文化发展，重点关注马拉松赛事与城市发展之间的相互耦合关系。通过深入访谈和实证研究，本书对马拉松赛事与城市文化发展之间的关系进行深入探究，并结合对具体案例的分析，尝试构建相关理论，并给出指导性的建议。

1.5.2　研究方法

1.5.2.1　文献资料分析法

文献资料分析法是指根据研究目标搜集相关文献资料，并在对收集的相关文献进行梳理的基础上进行研究，形成对研究问题的认识与把握及对事实的科学认识。为了掌握国内外学界对马拉松赛事与城市文化发展这一主题相关的最新研究进展及研究成果，本书通过查询中国期刊全文数据库（CJFD）、中文社会科学引文索引（CSSCI）、四川大学学位论文数据库等中文资源库和国际权威的 Web of Science、Wiley Online Library、Science Direct Online、Springer Nature 等外文数据库进行广泛的文献搜索，下载大量有关体育旅游、体育赛事形象、旅游目的地形象的研究文献，还结合其他搜索引擎及中国新闻网、新华社、纽约时报等网络媒体搜集相关的报道，以充分了解该领域权威、即时、全面的资料及研究成果，并围绕此次研究主题及研究方向形成本书的研究综述。综述发现目前马拉松赛事形象、目的地形象与参赛者动机的相互关系研究尚属空白，这也为本书研究主题的确定及研究思路奠定了扎实的理论基础。

1.5.2.2 访谈法

访谈是一种被普遍运用于社会学研究领域的研究工具，其目的在于通过访谈的过程挖掘更多内在的信息。本书结合现有的研究成果及本书的研究问题，设计了半结构化访谈框架，经过多次的讨论，最终确定访谈框架，并通过与马拉松跑者和跑团负责人进行一对一访谈的形式展开数据收集工作。

1.5.2.3 质性研究法

本书以 NVivo11 软件作为质性研究辅助工具，对访谈资料进行编码，并通过运用扎根理论及案例分析对其进行深度挖掘。

1.5.2.4 结构方程模型

本书先利用调查数据对样本数据进行统计性分析，然后检验模型假设并对相关数据结果进行分析。本书主要利用 AMOS 和 SPSS 数据分析工具，以问卷调查为数据收集方式，并以结构方程模型为分析手段。分析流程为：首先，对问卷数据进行编码、转换，并对参赛者的基本信息部分进行描述性统计分析；然后，对问卷数据部分进行因子分析及信效度分析，验证数据的有效性与可信性；接着，通过主成分分析、探索性因子分析、结构模型拟合程度分析，对测量模型进行评估和测试；最后，通过相关分析、回归分析对本研究建构的变量关系模型进行假设验证。

2 文献综述

2.1 马拉松赛事研究综述

伴随着马拉松赛事数量的日益增长，马拉松赛事逐渐成为一个独立的研究领域，研究主题涵盖赛事供给（赛事设计、赛事营销等）、参赛者个人特征及行为、目的地影响等多方面（王克稳，李慧，耿聪聪，林莉，2018）。

2.1.1 赛事形象研究综述

直接对赛事形象（Sport Event Image）这一概念进行界定的文献较少。基于品牌形象的理论基础，Gwinner（1997）提出，事件形象（Event Image）是消费者对事件相关的内涵或联想的累积解释。其中，事件类型包含了体育活动、音乐活动、节庆、博览会、艺术活动和专业会议等。类似地，Deng and Li（2014）认为，包含体育赛事在内的事件形象是消费者记忆联想反映出来的对事件的主观感知。

Gwinner（1997）认为，事件类型、事件特征和个人因素会影响个人对某一特殊事件的感知，其中事件特征包括规模、专业水平、事件的老师、场馆、营销表现，个人因素则包括个人联想到的内涵的数量、内涵的强度和与该事件接触的经历。进一步的研究指出，赛事形象的内涵是多维度的，是由各种内部因素和外部因素相互影响、相互作用形成的。Kaplanidou（2010）从体育爱好旅游者的视角提出，赛事形象是由情绪、健康、社会、组织和环境等认知层面的因素构成的。

在赛事形象的具体测量方面，Kaplanidou and Vogt（2007）首先采用焦点小组法，根据参与的马拉松跑者的回答构建了 41 个测量题项，再在相关研究者和体育旅游爱好者中进行了随机小样本的问卷发放，根据问卷填写人的反馈，保留了 28 个测量题项，最终通过探索性因子分析确定了 13 个测量题项，构成了具有相当有效性和可靠性的赛事形象测量量表。这 13 个测量题项分别是：①令人满意的/不令人满意的；②刺激的/不刺激的；③差的/优秀的；④悲伤的/快乐的；⑤健康的/不健康的；⑥无聊的/兴奋的；⑦忧郁的/积极的；⑧值得/不值得；⑨丑陋的/美丽的；⑩令人苦恼的/让人放松的；⑪不冒险的/冒险的；⑫鼓舞人心的/不鼓舞人心的；⑬不支持的/支持的。

除了赛事形象的内涵，赛事对举办地的影响也是学者重点关注的领域。在经济影响方面，以奥运会为代表的大型体育赛事对城市基础设施建设、就业、吸引投资、拉动内需等多个方面都有显著的积极作用，同时，大量外来游客所产生的直接消费与间接消费也将给城市带来显著的经济收入（Essex，Chalkley，1998）。黄海燕（2011）以 2009 年上海 ATP 世界巡回赛 1000 大师赛为例，采用问卷调查法，并运用投入产出模型，对该赛事的经济影响进行了实证研究，结果认为，2009 年上海 ATP 世界巡回赛 1000 大师赛给上海带来的新资金流入为 19460.67 万元，主要流入铁路、道路、水上、航空运输业、零售业、住宿业及餐饮业等行业；赛事对上海经济影响的产出效应为 59765.62 万元，所得效应为 19462.55 万元，税收效应为 2553.36 万元，就业效应为 2040 人。在社会影响方面，Hiller（2000）指出，在全球化背景下，举办大型体育赛事是克服城市更新、城市衰落等众多发展问题的重要措施；易剑东（2005）认为，中国举办大型赛事将激发社团组织参与，吸引民营企业介入，带来国际意识的增长和中国国际形象的提升；Kim and Morrison（2005）研究了中国、美国和日本的游客在 2002 年世界杯举办前后，对韩国形象的认知变化，结果显示，这三个国家的游客对韩国形象的感知在世界杯举办前后的差异均具有显著性；Lai（2018）对 2008 年北京奥运会的案例研究发现赛事形象与举办地形象呈正相关，并且这种相关性的强度根据两者形象结构的不同层次和维度而变化。

2.1.2　赛事参与者动机研究综述

根据期望理论，人们总是受到对自己行为的期望结果的影响，动机也被认为是引发一个人行为和活动的驱动力（Vroom，1964）。运动动机指的是可以通过体育锻炼来满足的需要或需求，是人们参与和维持锻炼行为的心理动力（Arkes，Garske，1982）。Klint and Weiss（1987）认为人们参与体育运动的动机是为了得到广泛的社会交往、增加审美情趣、保持身体健康等。

Deci and Ryan（1980）提出的自我决定理论（Self-Determination Theory，

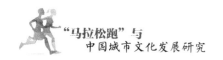

SDT）在运动动机研究领域得到广泛应用，该理论在传统动机分类（内部动机和外部动机）的基础上，进一步将动机划分为内在动机（Intrinsic Motivation）、外在动机（Extrinsic Motivation）和无动机（Amotivation），这3种动机形成一个自我决定连续体（Self-Determination Continuum），内在动机的自我决定性最强，无动机则完全没有自我决定性，外在动机则处于连续体的中间位置。此外，外在动机还可以根据自我决定性的强弱区分为 4 种，分别是：①整合调节（Integrated Regulation）——自我调节程度最高的外在动机，行为目标与自我的关系较认同调节更加紧密；②认同调节（Identified Regulation）——个体会对行为目标或规则进行价值判断，并且将有价值的行为接纳为自我的一部分；③投射调节（Introjected Regulation）——个体内化了部分规则，但人们的行为更多是为了避免焦虑、自责，或为了自我增强；④外部调节（External Regulation）——个体行为完全是为了满足外部的要求。最终，自我决定理论将动机细分为内在动机、整合调节、认同调节、投射调节、外部调节和无动机 6 种类型（Ryan，Deci，2000）。Pelletier et al.（1995）基于自我决定理论，将运动动机区分为求知的内在动机、完成的内在动机、体验刺激的内在动机、认同调节、投射调节、外部调节和无动机 7 种类型，并编制了包含 28 个测量题项的运动动机量表（Sport Motivation Scale，SMS）。该量表在其他学者的研究中进行了多次调整和检验。叶娜（2018）选取 613 名不同运动专项的中国学生运动员为对象，采用问卷调查法探索中国文化下运动员的运动动机结构，在已有研究的基础上重新编制了运动动机量表并检验其信效度，结果表明，运动动机包括自主动机、投射调节、外部调节和无动机 4 个维度。

具体到马拉松赛事参与者的动机，Masters，Ogles and Jolton（1993）首次构建了完整的马拉松跑者动机量表（Motivation of Marathon Scale，MOMS），将马拉松赛事参与动机分为心理动机（自尊、心理应对、生命意义），生理动机（健康导向、体重控制），社会动机（归属、社会识别）和成就动机（竞争、个人目标实现）4 个大类共 9 种。该量表在之后的研究中被证实具有良好的内部一致性并被广泛采用。例如，Ogles and Masters（2003）借助该量表，采用聚类分析方法，将马拉松跑者分为跑步狂热爱好者、生活方式管理者、个人目标达成者、自我实现者和竞争实现者 5 个类别。邢晓燕（2016）在原量表的基础上构建了中文简版量表，以 4000 名北京马拉松参赛者为样本，她发现中国马拉松跑者参加跑步训练比赛的主要动机（动机内容）为实现个人目标、生命意义、自尊和自信、竞赛、认可、健康取向、体重关注、心理调节、社会交往；其动机类别（动机结构）由内部指向的自我发展类动机（实现个人目标、生命意义、自尊和自信），外部指向的认可类动机（竞赛、认可），居于内外部动机类型之间的身体类动机（健康取向、体重关注），心理调节动机，社会交往动机构成。Zach et al.（2017）对该量表进行了修正和扩展，将马拉松赛事参赛者动机扩充为 11 种：心理应对（情绪相关应对）、心理应对（日常生活管理）、生活意义、自尊、认同、归属、体重担忧、整体健康导向（降低患病率和延长寿命）、整体健康导向（保持健康）、竞争和个人目标实现。

2.1.3 赛事参与者行为研究综述

Rauter and Doupona（2014）研究发现，马拉松赛事参赛者可以分为以体育运动为主的参赛者和以旅游为主的参赛者两类，前者占比为 29.8%，而后者的占比则高达 70.2%。因此，马拉松赛事参赛者与旅游者具有很高的重合性，马拉松赛事参赛者在赛事期间的"吃住行游购娱"在某种程度上均属于旅游行为。实际上，马拉松赛事旅游已经逐渐成为体育产业和旅游产业的新兴交融领域，对赛事参与者行为的研究主要侧重于使用问卷调查研究参赛者对目的地与赛事的再访意愿（王克稳等，2018）。Koo，Byon and Baker（2014）选取了顾客忠诚度的两个重要因素作为参与者行为的测量题项：①在未来再次参加该赛事的意愿；②向其他潜在的参赛者推荐该赛事的意愿。

态度理论的认知—情感—行为倾向模型认为，消费者的行为意愿与其认知和情感息息相关。其中，认知是指根据个人知识水平和过去经验而对事物产生的理性认识，情感是个体通过认知过程对事物产生的心理倾向，在此基础上，个体会进一步产生行为倾向。认知、情感和行为倾向被认为是行为发生的三个基本要素。认知—情感—行为倾向模型解释了消费者从信息收集、产品偏好形成、购买意愿产生直至购买后产品评价完成的消费行为。消费主题基于自身知识水平和过去经历对客体产生的认知，喜爱、认同、依赖、偏好等情感因素制约了消费者的行为倾向。再访意愿作为行为倾向的一种表现形式，同样也受到消费者认识与情感的影响（吕乐，2021）。因此，赛事举办地形象作为赛事参与者认知表现方式之一，对赛事参与者行为具有重要影响。

Hallmann，Zehrer and Müller（2015）研究发现，目的地形象的认知层面因素（包括服务水平、自然地理条件、住宿接待、游客管理、体育及赛事设施、花费等）和情感层面因素（包括令人振奋、激动、放松、愉快等）都会影响参赛的再访意愿。Kaplanidou and Vogt（2007）以体育旅游者为研究对象，将再访意愿和实际行为进行了区分，将过去一年中实际参与体育赛事和造访目

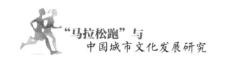

的地的次数作为游客行为的测量题项，结果同样发现，赛事目的地形象和过往经历对游客针对体育旅游活动的再访意愿有显著影响，而再访意愿与游客的实际旅游行为高度相关。Gibson，Qi and Zhang（2008）以美国大学生为研究对象，通过媒体营销的方式预测受试者对举办地形象的评价、造访中国和观看北京奥运会的意愿，结果发现，通过媒体宣传使研究对象得到的目的地形象评价可以有效预测其前往中国和观看北京奥运会的意愿。Chalip，Green and Hill（2003）同样以媒体作为宣传方式，检验了目的地形象与重游意愿的关系，结果发现目的地形象正向影响重游意愿。

2.2 城市文化发展研究综述

在《不列颠百科全书》中，城市的概念被定义为"一个相对永久性的、将人口高度集中组织起来的地方，更为重要的是，比村庄规模大"。城市的概念在《中国大百科全书》中被概括为"依据生产生活方式把一定的地域组织起来的居民点，是该地域更大腹地的经济、政治和文化生活的中心"。城市文化是城市发展的记忆传承、思想智慧、精神支柱和个性展示。随着社会生产力的发达和科技进步，城市经济实力不断增强，物质生活水平有了很大改善，人们的精神生活追求越来越强烈，城市文化的地位日益凸显，越发受到学术研究的关注（任致远，2012）。

2.2.1 城市文化内涵研究综述

关于城市文化内涵的理论研究众多，以定性研究为主，主要有"容器论""灵魂说""魅力说""基因说""资本论""软实力"等说法。

2.2.1.1 容器论

城市文化的"容器论"主要出自当代美国著名城市规划理论家 Mumford。Mumford 基于文化与城市的关联，提出城市是一个巨大而复杂的文化"容器"，是用来贮藏、孕育、提升和传承文化的，这种容器通过自身封闭的形式将各种新兴力量聚拢到一起，强化它们之间的相互作用，从而使总的成就提高到新的水平，因而城市的深层本质在于文化。[①] 城市文化的"容器论"主要强调了城市对于文化的"载体"作用，所以"容器论"在学界中又多被城市规划学者所采用，来强调城市规划、城市建筑的重要性（李亚娟，2017）。

此外，Mumford 的"容器论"为讨论城市文化传承问题确立了一个基本立足点。这个立足点就是"应当把城市视为文化传承的积极力量来加以思考"，区别"城市文化"与"城市的文化"；"城市文化传承"绝非仅是"城市文化的传承"，同时也是"城市的文化传承"；城市的发展、演变和更替的过程同时也是城市孕育、聚集、演绎文化的过程，城市深刻地影响着人类的社会生活和社会关系构建。可以说，人类一切围绕城市和在城市这一容器内创造和上演的政治、社会、经济和生活，最终都将以文化的形态展示和延续。因此，从文化角度来审视城市化现象，实际上是以更综合、更系统的视野去认识和把握城市化及其实质的问题（吴锡标，2005）。

2.2.1.2 灵魂说

如果说城市是文化的"容器"，那么文化便是城市的"灵魂"。任致远（2012）分析指出，城市是一个以空间发展为躯体、以路网为骨架、以经济社会发展为血肉的有机生命体，而文化则是城市发展的思想灵魂所在。城市文化是城市生长、发育和发展的内在基因，是培育、形成、凸显城市精神、形象、个性魅力的源泉。

从"灵魂说"的角度理解，文化也是一座城市的"精气神"。城市的精神文化是城市文化的内核或深层结构。城市精神是基于城市经济社会生活之上的一套价值体系，体现于市民所共同遵从的核心价值观念和具体行为准则，它凝聚着一座城市的思想灵魂，代表着一座城市的整体形象（张小迪，王大勇，2013）。

可以说，城市文化是随着城市的出现而兴起的，一旦有了城市，这座城市就会逐渐凝练自己的"灵魂"。文化依附于城市这个载体，渗透于城市生产生活的方方面面，承载城市的记忆，诉说城市的兴盛衰亡，并指引城市发展的方向。为此，城市文化的"灵魂说"被从事城市文化研究的众多学者广为运用，意在强调"文化"对于"城市"存在和发展的核心作用。

---

① 芒福德. 城市发展史起源、演变和前景［M］. 宋俊岭，倪文彦，译. 北京：中国建筑工业出版社，2005.

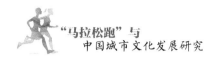

2.2.1.3 魅力说

城市文化"魅力说"主要由城市文化"灵魂说"演绎而来。从文化层次性的角度而言，城市文化既有物质层面的、制度层面的、行为层面的，也有精神层面的。城市物质文化是一个城市风貌的展现，包括城市的公共设施、主要标志等；城市制度文化是指各种用于约束城市市民行为规范的管理体制和服务于城市市民的政策和体制，包括经济制度、政治制度等；城市行为文化是城市市民的一切行为表现出来的文化现象，包括社会秩序、人际关系等。而城市精神文化是城市文化的核心，是城市由于历史文化的沉淀、科学技术的发展等变化而形成的个性和竞争优势，包括传统、风俗习惯、理想信念等（尹德斌，宋晓华，宋万杰，2013）。这些优势和个性构成了城市的魅力。魅力是一个城市在竞争方面与其他城市区分开来的关键，它能给城市居民提供丰富的物质生活和高雅的精神生活，使当地居民产生认同感，吸引外地受众。城市魅力是城市文化内涵的综合体现，是城市环境、历史、文化、社会经济、空间景观等的有机融合（栾立欣，王亮，2015）。

王志章和吴玲（2010）提出，评价一个城市的魅力主要依据地点与吸引力因素、对游客的吸引力和社会的和谐程度。曹青云（2021）从空间维度的角度提出，城市魅力的呈现和感知包括三个层面：①自然山水空间是城市本体最直接的空间显现；②历史人文空间在城市的历史演进过程中形成，保护和传承历史文化资源是彰显城市魅力的重要途径；③城市公共空间的优化会产生要素集聚和美学效应，从而提升城市魅力。

2.2.1.4 基因说

城市文化的"基因说"同样由"灵魂说"演绎而来。城市基因（Urban Gene）是代表城市特色与记录城市发展面貌的影响元素因子，与文化密不可分（张倩，尚金凯，2021）。张鸿雁（2003）认为，人类的"种群"关系创造了"城市文化基因"，人类为了适应人以群分的社会关系而创造了城市，并进一步创造了"城市社会再造文化因子"，即在城市内形成与乡村不同的人际互动关系，继而产生了不断衍化的社会关系、城市生活方式、市民社会、城市制度、城市组织、城市时尚和城市社会价值取向。

翟文燕、张侃侃、常芳（2010）基于地域"景观基因"的理念，以西安为研究对象，对西安古城格局、标志性建筑物、传统民居进行分析，结果发现：①西安市的城市建筑文化空间布局深受"风水"文化因子的影响；②城市布局中轴对称的特点明显；③西安古城建筑风格的地域文化构成受皇家文化和黄土文化两种景观基因影响。席丽莎、刘建朝、王明浩（2019）认为文化基因是城市的遗传密码，深刻刻画了城市景观面貌、空间结构和功能形态，将城市多元文化基因划分为主体基因、附着基因、混合基因和变异基因四种类型，并以天津为例构建了文化谱系图。张倩、尚金凯（2021）在此研究基础上，对保定古城的城市文化基因进行了分析，提出提取和转化城市文化基因的关键内核是实现城市可持续发展的重要途径，文化基因是城市可持续发展的内在动力。

2.2.1.5　资本论

城市的文化价值决定了城市的最终价值。在此基础上，张鸿雁（2002）[①]受法国社会学家 Bourdieu 的启迪提出了"城市文化资本"的概念，并借此开创了一种崭新的"城市文化资本论"概念体系。"城市文化资本"是一个城市所拥有的各种形态的象征资本，它在一定条件下可以成为交换价值进而转化为经济资本。"城市文化资本"在一定意义上强调的是城市已经存在的精神文化、物质文化、制度文化和财富的"资本性"意义，如城市自身的文化遗存、流芳千古的人物和精神价值，以及城市自身创造的一系列文化象征与文化符号等，都具有鲜明的资本属性和资本意义。"城市文化资本"建构的核心体系与主要路径主要体现为城市整体定位模式、城市精神理念系统的建构、城市文化基因与城市文化行为建构、城市景观符号体系的塑造、城市品牌形象建设、城市形象推广策略（胡小武，陈友华，2010）。

许德金（2012）认为，"城市文化资本论"从文化与经济关系的角度阐释了文化对城市发展的作用，文化给经济发展提供了强大的智力支持和精神动力。而文化之所以能够成为资本，首先是因为文化具有自然资源所无法替代的稀缺价值；其次，文化总是以某种具体的形式存在，并以某种方式能够在人类社会中传承下来，具有一定的交换价值，而且最终能够以经济资本或社会资本的方式为其持有者带来剩余价值或红利。宋振春、李秋（2011）将城市文化资本传承和累积的差异总结为文化资本基础、获得文化资本能力和文化资本保障三个方面的差异，并分别提出了具体的评价指标。马素伟、范洪（2012）提出了测量城市文化资本的完整指标体系，对 2008 年江苏省 13 个地级市的城市文化资本进行了实证研究，发现江苏南部地区的城市文化资本强于北部，沿江地

---

① 张鸿雁. 城市形象与城市文化资本论——中外城市形象比较的社会学研究［M］. 南京：东南大学出版社，2002.

区的文化资本强于沿海地区和内陆地区，城际间城市文化资本存在显著差异和不平衡性。

张鸿雁（2002）在"城市文化场域"与"城市文化资本"再生产的基础上，将城市文化研究延伸至"城市的可持续发展""城市的终极价值""中国式城市文艺复兴"等层面，进一步明晰了让中国城市可持续发展、城市传承有效的文化基因。张鸿雁进一步指出，"城市文化资本"的再生产，必然形成城市文化经济与文化产业的再结构化模式，从而实现城市从工业化到后工业化，再到后工业社会的人本主义的终极价值再造，城市将重新回归自然，到达"人与自然和谐为本"的新高度。

2.2.1.6 软实力说

城市文化的"软实力说"借用了国际政治学的概念。城市实力是一个同时包括了城市硬实力和城市软实力的综合概念，城市软实力是指城市的体制机制、文化水平、人文环境等文化因素。文化力是非物化的强大力量，它能够根深蒂固、潜移默化、坚韧不拔、旗帜鲜明地影响生产力发展，是促进生产力发展的内在动力。因此，城市的科学发展不仅要具备社会生产力这个根本动力，还必须具有文化生产力这个内在的精神动力（任致远，2012）。城市文化软实力本质上是城市居民在城市空间内一切社会实践的积淀和结晶。城市居民在城市空间内的物质生产活动，创造了城市的物质文化；城市居民在精神领域内的传承和创新，塑造了城市的精神文化；城市居民的互动与社会交往，积淀出城市的社会行为规范与制度文化。因此，城市文化软实力又集中体现在城市文化的物质、精神和制度这三个层面（杨政，2014）。

余晓曼（2011）提出城市文化软实力的构成要素包括以城市精神为核心的文化凝聚力、以原创能力为核心的城市文化创新力、以文化传播能力为核心的城市文化辐射力、以文艺精品与文化品牌为核心的城市文化影响力、以生产文化产品和提供文化服务为核心的城市文化生产力5个方面。刘琨瑛、林如鹏（2013）认为，广州以承办亚运会为发展契机，在前后几年时间里承办了数百场体育赛事，推动城市跨越式发展，并形成了独特的城市文化现象。体育赛事丰富了广州城市文化的内涵，从而提升了城市的文化软实力。余阿荣（2017）认为，大型体育赛事凝聚城市向心力、增强城市吸引力、扩大城市辐射力，对提升城市文化软实力有重要作用，应依托大型体育赛事，将赛事与本土文化融合，形成城市文化的鲜明定位，全面提升城市文化的核心竞争力。

曾军（2006）指出，已有城市文化研究路径可看作遵循两种基本的研究范式：一个可以被称为人文主义范式，它基于文学艺术和人文学术对城市化问题和城市文化的敏感，强调对城市的感觉印象，关怀城市化过程中人的主观感受；另一个可以被称为科学主义范式，它基于现代化的理论背景，关注城市化进程，强调城市文化的各项量化指标及其要素资源配置。

总的来说，城市文化的内涵丰富，相关的理论众多，就其包含的内容而言，广义的城市文化是指人们在城市发展过程中所创造的物质财富和精神财富的总和，不仅包括教育、科技、文学、艺术、戏剧曲艺、体育、娱乐、道德、习俗、地方法规、规章、企业管理、政府形象等，而且包括市容市貌、建筑风格、街景美化、广场规划和设计、雕塑等物质实体。[①] 狭义的城市文化是与经济、政治并列的城市全部精神活动及其产物，它既包括世界观、人生观、价值观、发展观等，也包括科技、教育、习俗、语言文字、生活方式等（张洛锋，张仁开，2005）。本书探讨的城市文化取其广义的内涵。

2.2.2　城市文化与目的地形象

目的地形象（Destination Image）是旅游学者讨论最多的话题之一（Leisen，2001）。早期研究将目的地形象定义为人们对某一目的地的认知、想法和印象的总和（Crompton，1979；Gartnerand，Hunt，1987），只强调了目的地形象的认知层面。随着研究的深入，Bigné Alcañiz，Sánchez García and Sanz Blas（2009）认为，除了认知层面的因素，目的地形象还包括情感层面的因素，即目的地形象是人们对某一目的地的所有认知、印象和情感表达。San Martín and Rodríguez del Bosque（2008）指出，目的地形象是由人们的理性和感性解释组成的多维度潜变量，它包括认知形象（人们对目的地属性或特征的认知和信念）和情感形象（人们对目的地的情感）两个维度（Beerli，Martín，2004）。而整体形象（人们对某一目的地正面或负面的整体评价）作为目的地形象的第三个维度，并不是认知形象和情感形象简单相加的结果，而是二者有机整合而来，大于二者之和（Baloglu，McCleary，1999）。

目的地形象与城市文化有着密不可分的联系。前文已经提到，马拉松赛事参赛者与旅游者具有很高的重合性，马拉松赛事旅游已经逐渐成为体育产业和旅游产业的新兴交融领域。因此，对于马拉松参赛者而言，城市不仅是赛事举办地，同时也是旅游目的地。从对城市文化内涵的探讨可以发现，文化塑造了城市的"基因"和"灵魂"，在城市形象的构建中也发挥着决定性作用。从文

---

① 陈宇飞. 城市文化概论［M］. 北京：文化艺术出版社，2008.

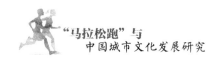

化的角度解读城市形象，凸显了城市形象中的文化重要性，克服了城市形象的
经济指向性弱点，代表了一种全面可持续城市发展的理念（闫娜，2011）。

从定义来看，目的地形象的构建建立在旅游者对目的地的认知和情感之
上。而根据动机相关理论，动机决定了旅游者在目的地想要获得的内容。旅游
活动是文化活动，文化是旅游者的重要动机。因此，从旅游者动机的角度解
读，文化在目的地形象的构建中也发挥着重要作用。San Martín and
Rodríguez del Bosque（2008）提出旅游目的地的情感性形象主要受旅游者动机
和文化价值的影响。郭安禧、黄福才、孙雪飞（2014）研究发现文化动机对认
知形象有显著的正向影响，该研究中文化动机的测量题项包括"为了了解不同
的文化或生活方式""为了游览历史文化古迹，增加文化知识""为了了解新的
地方，丰富自己的阅历"。

赛事举办城市作为旅游目的地，本身是城市文化的"容器"和综合体。事
实上，除自然因素外，城市的所有特征都可以划分为不同类型的文化，反映了
目的地发展中人们在自然本底上创造的物质与精神财富。显然，文化因素是影
响目的地形象的重要因素。这一点也直接体现在相关研究对目的地形象的测量
上。Kong，du Cros and Ong（2015）在对澳门目的地形象的测量中，直接采
用了"文化活动""宗教文化"等题项。

文化以符号进行表征，旅游者通过对目的地文化景观和文化旅游活动的感
知形成目的地形象。因此，城市文化的展示过程实际上就是城市作为旅游目的
地的形象建构过程。而相较于城市文化研究以定性方法为主，旅游目的地形象
的相关文献在量化研究方面更加丰富，众多学者在研究中建立了目的地形象的
测量量表。因此，本书在实证研究部分选取"目的地形象"作为主要潜变量之
一，但其背后代表了城市文化的丰富内涵。

2.3 综述总结

上述文献综述提到的概念有赛事形象、赛事参与者动机、赛事参与者行
为、城市文化和目的地形象。已有研究主要讨论和验证的关系有：①赛事形象
对目的地形象有显著影响；②目的地形象对赛事参与者行为（尤其是再访意
愿）有显著影响；③城市文化融入目的地形象的塑造过程，二者密不可分。在
研究方法层面，城市文化相关研究以定性方法为主，赛事形象、目的地形象、
赛事参与者动机和赛事参与者行为相关研究则广泛采用量化方法，涉及因子分

析、结构方程模型等。但现有文献仍在以下几个方面存在一定的空白，这也是本书尝试突破和解决的问题：

（1）赛事参与者行为有待进一步挖掘。已有研究证明了目的地形象对赛事参与者行为的显著影响，但对赛事形象与赛事参与者行为之间的关系探讨较少。根据"认知—情感—行为倾向"，赛事参与者的行为受到其认识和情感的影响，与目的地形象类似，赛事形象同样也是赛事参与者的重要认知和情感表现，赛事形象与赛事参与者行为存在紧密联系。因此，本书在"赛事参与者行为实证研究"部分，不仅验证了目的地形象与赛事参与者行为的联系，更尝试探究赛事形象对赛事参与者行为的影响。

（2）赛事参与者动机在赛事与目的地研究中的缺位。已有学者验证了旅游者动机对旅游目的地形象有显著影响。而赛事参与者同时也是赛事目的地的旅游者，赛事参与者的动机也将在一定程度上影响目的地形象的构建。大量研究验证了赛事形象与目的地形象之间、目的地形象与赛事参与者行为之间的关系，但基本忽略了赛事参与者动机对目的地形象的影响。因此，本书在"赛事参与者动机实证研究"部分，将赛事参与者动机作为起点，构建了"赛事参与者动机—目的地形象—赛事形象"的传导路径，并探讨了赛事参与者动机与赛事形象间是否存在直接联系。

（3）赛事参与者赛前动机与赛后行为缺乏完整解释。赛前参与动机影响参赛时对目的地与赛事形象的感知和构建，目的地形象进一步影响赛后的再访和推荐等行为，从而形成复杂的"动机—行为"传导路径。现有研究并未对该路径进行解释和验证。因此，本书在"参与者动机与行为实证研究"部分，尝试将赛事形象、目的地形象、参与者动机和参与者行为4个潜变量纳入一个模型中进行探讨和验证，从而构建了"参与者动机—赛事形象—目的地形象—参与者行为"的完整路径，对赛事参与者赛前、赛中、赛后的认知与行为进行完整解释。

3 马拉松体育赛事与举办地 城市发展关系理论构建过程

3.1 研究方法

科学研究主要分为定性研究和定量研究两种基本范式。质性研究是以归纳而非演绎的思路对社会现象进行整体的定性分析并形成相关理论的过程。质性研究以研究者本人作为研究工具，在自然情境下采用多种资料收集方式，对研究现象进行深入的整体性探究。质性研究分析方法有很多种，主要包括民族志研究、现象学研究、个案研究。民族志研究作为一种定性研究方法，起源于20世纪初的人类学。民族志研究是一种着眼于提供一个整体的观点和视角，对特定社会文化环境中产生的信念、态度、价值观、角色和规范进行理解和解释的描述群体及其文化的艺术与科学。民族志研究在传统意义上被定义为发现和综合描述一个族群的文化，这种研究方法要求研究者通过自身的切身体会获得对当地人文化的理解。现象学的研究方法起源于德国哲学家 Husserl，指的是研究一个或多个个体对于某个特定现象的意识和体验，并探讨各要素之间及各要素与周围情境之间的关系。现象学的目的是了解个体、研究生活，理解其经历体验，说明行动本质，从而构建起个人意义。个案研究是认定研究对象中的某一特定对象，加以调查分析，弄清其特点及其形成过程的一种研究方法。把个人、家庭、组织等社会单位看作案例，对其现象、特征、过程进行深入了解，并尝试提出解决办法。

在质性研究中，研究者就是研究工具，理论基础就是研究者的实践理性，要求自然呈现和尽可能地提高资料的丰富度。具体来说，质性研究多采用诸如扎根理论、访谈研究、参与式调查、论述分析等研究路径。其中，扎根理论研究方法由 Glaser and Strauss 在 1976 年提出，其研究宗旨是从经验资料的基础上建立理论。研究者在研究开始之前一般没有理论假设，直接从实际观察入手，从原始资料中归纳出经验概括，然后上升到理论。这是一种自下而上地建立实质理论的方法，即在系统资料数据的基础上归纳寻找反映社会现象的核心概念，继而建构起相关的社会理论。扎根理论是一个不断提出问题、进行比较、建立分类、建立联系和发现理论的过程。扎根理论一定要有经验证据的支持，但是它的主要特点不在其经验性，而在于它从经验事实中抽象出了新的概念和思想。

扎根理论是"实证主义、社会建构主义和解释性质的数据方法的另一种选择"。Corbin and Strauss（1990）引入了不同的术语和更复杂的编码程序，使扎根理论更易于测量。在扎根理论指导的研究方法中，资料收集方法基本上都是经典的质性研究方法，如参与观察法和访谈法。但在资料分析阶段，扎根理论是一种高度"系统化程序"，包括记录、分析、编码、摘记和报告撰写等一系列步骤。总的来说，扎根理论研究过程包括阅读和使用文献、自然呈现、概念化潜在的模式、社会过程分析、一切基于数据和对时间及地点和人物的抽象等要素。而在这其中，对资料的逐级编码是最核心，也是量化特征最显著的环节。扎根理论强调只有建立在真实生活经历和经验基础之上的理论才具有真正的生命力，扎根理论主张研究者应避免理论预设，而应从信息丰富的访谈资料入手，对资料进行缩减、转化和抽象。扎根理论的目的是使基于数据的理论能够稳健地生成，而不是使用数据来测试现有的理论。它的具体目的是在概念上探索人们如何理解社会现象，更重要的是，人们如何更好地解决他们的困境。

扎根理论的研究过程具体来说可以分成四步：产生研究问题、数据收集、数据处理和理论构建，每一步都有独特的观点和方法。

针对研究问题而言，扎根理论非常注重研究问题的自然涌现，要求研究者在研究之初要带着对某方面问题开放、笼统、模糊的兴趣进入研究情境，最大可能地悬置个人的偏见和研究者的固有观点。在对情境的观察和情境中不同主体的互动中自然地发现和提出研究问题。

在数据收集阶段，扎根理论强调理论抽样和理论饱和。一般的研究往往根据理论演绎提出研究假设，进而进行随机抽样。而扎根理论的抽样方式为理论抽样，即研究过程中形成的概念、范畴或理论指导研究者进行下一步的研究抽样和资料数据收集。换言之，在数据收集的最初阶段，研究者往往采用的是目的性抽样，即选择具有足够代表性的样本进行初步的研究分析，再根据研究的进展来决定下一步研究的抽样对象。扎根理论认为，数据收集和抽样工作一直要持续到已有研究范畴里的资料达到"饱和"程度为止，即使再搜集新的数据

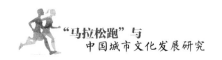

资料也没有再产生新的理论概念，也没有脱离已有的编码范畴，则可以说明资料搜集已经达到"理论饱和"。

数据分析阶段是扎根理论研究过程中最重要的一环。扎根理论主要的分析策略是通过对收集到的资料与概念类属不断进行比较，以发现它们之间的相同和差异，提炼出有关的概念标签，Glaser and Strauss 在他们的专著中将这一过程称作"编码"（Coding），质性研究的编码过程就是对数据资料的具体内容进行定义的过程。通过编码，将数据进行分解和分类，并分别赋予概念，再通过不断进行比较和归纳将概念进行抽象化合并，从更大范围将概念重新提炼和归纳为逐步抽象化的副范畴、主范畴和核心范畴。扎根理论的编码过程包括三个级别的编码：开放式编码（Open Coding）、主轴式编码（Axial Coding）和选择式编码（Selective Coding）。后文会对这一环节进行专门的解释和分析。扎根理论研究的理论构建过程的主要特点同样体现在理论性编码方面。扎根理论研究的理论构建工作主要通过理论性编码来完成，即通过编码中形成的概念或范畴逐步抽象、组织起来以构成理论。

3.1.1 开放式编码

开放式编码是扎根理论指导下质性研究编码的第一步，同时也是整个数据编码过程的基础。这是在确定核心范畴及其特征编码之前，需要持续不断进行的工作，需要通过持续性的比较分析，以引导对于核心范畴类属的定义。开放式编码是通过对资料进行密集检测和对比分析，对现象加以命名和类属化的过程，不仅要将收集的资料打散，赋予概念，而且要以新的方式重新组合并予以操作。

在具体操作中，研究者首先要设置一个研究主题，同时将最初赋予的标签或者代码分配到资料中，从而将大量零散混杂的资料归纳到不同类属。为此，研究者需要仔细阅读并了解所搜集到的资料，寻找评论的项目、关键的事件或主题，然后标上记号，赋予其一个初步的概念或标签。在这一过程中，研究者可以不受任何约束创造新的概念主体，以尽可能开放的心态，将原始数据在后来的分析中改变或者推翻先前的编码。开放式编码的结果是一张根据零散且丰富的资料抽象概括分类后得到的概念名单。

3.1.2 主轴式编码

主轴式编码是扎根理论逐级编码过程的中间阶段，旨在发现、建立主要概念类属和次要概念类属之间的各种联系，从而将分散的资料以一种新的方式组织起来，使类属的属性和维度更加具体化。

在这一步，原始的资料和数据不再是研究者首要关注的内容，研究者更加注重在开放式编码之后得到的概念名单，即研究者是带着初步的编码印象主题去看待资料、阅读资料的。在此过程中，研究者同样会产生新的观点和看法，也有可能会添加新的编码，并随着分析的深入不断将各种概念类属进一步组织起来，识别作为轴心的关键概念，即主范畴。在主轴式编码的过程中，研究围绕一个类属进行深度分析，围绕着这一个类属寻找相关关系，因此称之为"轴心"。随着分析的不断深入，有关各个类属之间的各种联系应该变得越来越具体，最终确定一个"围绕类属'轴'的密集的关系网络"。

3.1.3　选择式编码

选择式编码指的是从主轴式编码所形成的主范畴中分析并最终得到一个或几个核心类属，并通过一个核心类属概念，不断地分析并把与之相关的次要类属概念集中起来，以系统地说明和验证主要类属概念与次要类属概念之间的关系，并填充未来需要完善或发展的类属概念的过程。选择式编码的主要目的是将与核心类属相关的次要类属集中合并，并系统地梳理出其与其他次要类属之间的关系，并形成新的理论。

在这一步中，研究者已经识别出了研究课题中最重要、最核心的，可以统领其他一切相关主题的核心主题，并围绕这个核心主题进行总体的研究分析，将所有的研究结果统一在这一个核心主题的范畴之内。总的来说，作为一种质性研究方法，扎根理论的主要宗旨是从经验资料的基础上建立理论。研究者在研究开始之前一般没有理论假设，直接从实际观察入手，从原始资料中归纳出经验并概括，然后上升到理论。这是一种从下往上建立实质理论的方法，即在系统收集资料的基础上寻找反映社会现象的核心概念，然后通过这些概念之间的联系建构相关的社会理论。扎根理论一定要有经验证据的支持，但是它的主要特点不在其经验性，而在于它从经验事实中抽象出了新的概念和思想。图 3－1 为扎根理论研究框架。

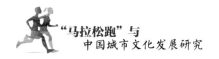

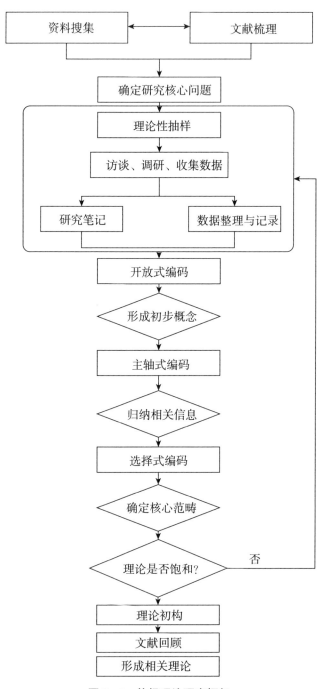

图3-1　扎根理论研究框架

3.2 资料收集与筛选说明

本部分研究的主要目的是探究马拉松跑者和跑团负责人对马拉松赛事与城市文化相关关系的感知，属于典型的质性研究范畴。因此，首先需要由掌握一定访谈技巧的调研人员进行观察和深度访谈以收集原始资料，并运用扎根理论对马拉松跑者的感知进行理论分析和理论建构，探究马拉松赛事与目的地城市发展关系等议题。在整个质性研究过程中，严格参照社会学家 Rasinski、Tourangeau、Presser 和 Blair 提出的数据调查收集模型，并结合本研究特点构建出一个详细的访谈资料收集流程，如图 3-2 所示。

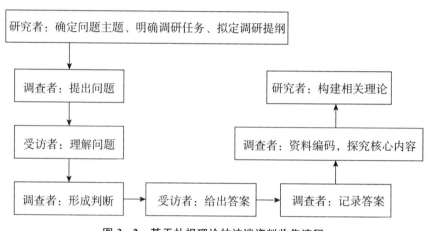

图 3-2 基于扎根理论的访谈资料收集流程

针对研究对象设计研究访谈问题，拟定访谈大纲，进而进行访谈资料的搜集是扎根理论指导的质性研究的关键环节。深度访谈（In-Depth Interview）是质性研究的一种主要方法。它通过与被调查者的深入交谈来了解某一社会群体的生活方式和生活经历，探讨特定社会现象的形成过程，提出解决社会问题的思路和办法。深度访谈可以生成大量的文本性资料、丰富的访谈资料，便于运用扎根理论对个体经验进行比较、辨析，从而抽象出概念、范畴，并在此基础上构建出反映现实生活的社会理论。深度访谈具有开放性和方向性，具有引导性的谈话能够引发研究对象对特定的现象和行为做出解释，既有明确清晰的操作步骤又兼具灵活性。

在样本量的选取部分，扎根理论要求样本量要达到"饱和"的标准，理论

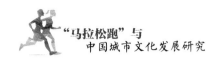
饱和度是判断样本量是否达到标准的重要依据。"饱和"指的不仅是不再出现新的资料，还指概念类属的维度已经相当完备，所形成的类属范畴已经具有一定的广度和深度，所构建理论模型能够被实证充分地验证（郭安元，2015）。本部分研究主要以北京马拉松跑团负责人和跑团内参加北京马拉松、上海马拉松、厦门马拉松、无锡马拉松、武汉马拉松、重庆马拉松的马拉松跑者为研究对象。由于马拉松参与者群体十分庞杂，因此，本研究采用配额抽样方法，在抽样前确定样本的具体数量。根据研究内容需要和具体研究时的可操作性，对调查对象进行了条件限制：①具有一定的马拉松路跑经验，参与马拉松赛事的次数不低于 2 次；②调查对象需性格开朗，在赛后能积极配合参与马拉松赛事体验的相关访谈。在扎根理论饱和度原则的指导下，本研究首先运用最大信息法原则确定第一位受访者，接着利用比较分析法对信息资料进行归纳和整理，初步评估已有资料的信息饱和度，然后运用最大差异法原则对下一位受访者进行单独访谈，以此类推。当样本达到第 6 个时，各概念类属形成了一定的强度，表明理论基本饱和，之后的受访者并没有提出新的概念内容和类属范畴。严谨起见，本研究在 6 个样本量的基础上增加了 2 个访谈样本，用于理论饱和度量化检验，最终确定 8 个总样本量，受访者的基本情况见表 3-1。

表 3-1 受访者的基本情况

编号	访谈时间（2019 年）	访谈对象（代称）	性别	职业	跑龄
S01	1/14	Zhang	男	公司管理	3
S02	1/14	Zhang	男	跑团负责人	12
S03	1/14	Gao	男	公司经理	4
S04	1/14	Qi	女	酒店高管	4
S05	1/14	Zhang	女	金融人员	4
S06	1/15	Wang	男	设计师	5
S07	1/15	Liu	男	公司主管	3
S08	1/15	Li	女	行政人员	3

以研究问题为导向的访谈大纲有利于整个访谈过程紧紧围绕研究主题进行。本研究通过系统地阅读并梳理国内外马拉松赛事研究中的定性研究调查，结合本书研究主题，设计访谈大纲。访谈问题围绕马拉松赛事和城市文化发展的研究主题，广泛参考国内外相关文献，为了尽量避免因访谈内容差异而导致

的偏差，在访谈前期进行了预调查并根据反馈对提纲进行了修改完善。

最终拟定了以下 4 个方面的内容：

（1）怎样/何时/哪里开始参与/举办马拉松赛事？

（2）参与/举办马拉松赛事的经历如何（评价，惊喜，不足）？

（3）影响您选择马拉松赛事的主要因素有哪些（关键词，评价要素）？

（4）您怎么理解马拉松赛事与城市文化发展之间的关系？

在具体设计研究访谈框架时，本书先从访谈对象的基本信息出发，通过询问受访者个人信息和参与马拉松赛事的机缘、次数等基本情况，建立与受访者之间的联系。随后进入访谈的主干部分，包括"参与马拉松赛事的动机"和"对马拉松赛事与城市文化发展之间关系的认识"两大主要版块，涉及"为什么选择参加马拉松赛事？哪个地方打动了您？""在您参加过的各城市马拉松赛事中，哪一次印象最深？举办地城市在其中扮演了怎样的角色？""马拉松赛事的哪些方面是您最重视的？""能否例举一下马拉松赛事和城市文化之间的相互关系具体体现在哪些方面？"等更进一步的问题，最后以"您认为哪些城市的马拉松赛事将城市文化与马拉松赛事进行了良好的结合？"作为访谈结束问题（详细大纲参见附录部分）。为了保证访谈的一致性，调查者在访谈过程中始终保持用已知的访谈大纲进行提问。同时，根据受访者的回答，保留进一步追加提问以探索更多观点的可能。

总而言之，本研究采取半结构式访谈，将赛事形象和目的地形象的关系作为研究的主题和重点，选择通过一对一的深度访谈方法，对北京共 8 位马拉松赛事参赛者和组织者，针对赛事形象和目的地形象的互动关系进行面对面交流访谈。半结构式访谈可以让研究者通过倾听被访者的讲述，并适时追问，从自然的语境之中，获得关于该问题丰富、深刻和精细的洞察与理解。本研究采用半结构式的访谈方法对调查对象进行了深度访谈，在访谈中注意观察受访者的表情、动作和语言习惯等细节问题，并做访谈笔记。访谈记录在征得调查对象同意后全程录音。访谈结束后，进一步将访谈录音文件逐字逐句整理成文本，并整理访谈笔记，共得到 7 万字的原始文本数据（详情参见附录）。

定性数据分析是对采集到的大量数据进行有序、结构化和有意义的分析。这一过程并非易事。在某种程度上，这是一种混乱、困难和费时的方法。定性数据分析追求数据的范畴与主题之间的关系，寻求、增进对这一现象的理解。因此，研究人员不是严格按照程序进行，而是需要保持警惕、灵活、积极地与收集到的数据进行交互。

根据本研究的问题和扎根理论的研究方法，研究者选择 NVivo12.0 辅助

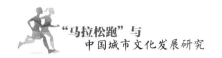
完成必要的质性分析。NVivo 是一款支持定性研究方法和混合研究方法的软件，它可以协助收集、整理和分析访谈、焦点小组讨论、问卷调查、音频等内容。尽管 NVivo12.0 有自动编码功能，但此种编码方式仅适用于树形节点的编码，而且主要针对已经加工整理过的原始文件，如已经加了标题或已经依照个案姓名或代码加以区分的文献，而对于原始的访谈材料并不适合。该软件旨在帮助研究者通过定性分析技术来组织、分析和共享数据，帮助研究者将注意力放在"如何"和"为什么"等问题上，而不是"多少"等定量的视角上。研究者基于原始数据去发现"自由节点"，这些节点可以是单独的，也可以与其他节点产生联系，进而形成结构化的"树形节点"。树形节点仅用于概念管理而不是分析工具，可以避免概念的强制分类，与扎根理论的要求一致，并且节点的多种功能为理论生成带来便捷。通过 NVivo 软件，研究者不仅可以对文本资料进行记录编码，还可以综合图片、音频、视频等多种形式的资料进行分析。通过编码，原始资料形成自由节点，再通过不断对比分析，将自由节点进一步归纳到树形节点之中。同时在编码过程中，研究者产生的新的想法和灵感、发现的新的关联和可能性都可以通过建立链接的方式存入备忘录、批注。此外，研究者随时都可以活用 Nvivo 的查询功能反复对比编码结果和原始资料，并运用图形化模型对分析结果进行可视化的呈现。

3.3　理论模型建构过程

马拉松赛事因其较高的知名度和广泛的社会影响力，往往能够成为一个城市的象征和城市形象的标志。基于半结构化访谈的原始资料文本，本节将通过扎根理论对马拉松赛事和举办地城市之间的相互关系及其影响因素进行深入研究和分析，试图探究赛事形象和目的地形象两者之间存在的联系，揭示马拉松赛事和举办地城市发展之间的契合路径。本节将对访谈原始资料进行开放式编码，并赋予资料概念标签和进一步范畴化，主轴式编码提取主范畴，选择式编码提炼核心范畴，并归纳总结影响马拉松赛事与目的地城市发展的主要因素，探索其作用机理，期望研究结果为我国马拉松赛事策划营销和城市发展规划提供切实的、有价值的启示和指导。

3.3.1 开放式编码：提取概念和范畴定义

开放式编码是对原始资料进行文本分析的第一步，是将原始资料数据打散、赋予概念，然后再重新归纳组合的过程。开放式编码通过用概念来标识资料和现象，对原始资料进行初步诠释。在进行开放式编码的过程中，一般要求研究者头脑中不能有任何预设的想法和预先形成的概念，它是临时的、比较性的、扎根于数据的。在这一阶段，研究者应该遵守的一个重要原则：既什么都相信，又什么都不相信（Strauss，1987）。

在研究之初，始终围绕着"马拉松赛事与城市文化发展"这一核心研究问题，对确定的8个调查样本进行访谈，将整个访谈过程中获得的声音信号转化为文字信号，并在文本中标注相应的时间信息，以便随时检查和核对。每个调查样本访谈的时间约为30分钟，其中最短时间为23分钟，最长时间为36分钟，调查录音转录为书面文字的字数平均为8750字左右，其中最少为7600字，最多为9500字。为了确保概念范畴化的过程更加科学，本部分研究依据扎根理论对开放式编码的分析方法，遵循"定义现象—概念分类—范畴化—解释范畴性质—形成开放式编码结果"的过程。首先，通过定义原始资料中的现象观点，提取关键字词，将通俗语言向精炼化的语句转化；其次，通过对概念进行反复的解读分析、筛选对比，找到概念之间的联系，发掘可以对初始概念进行联系解释的范畴，归纳属于同一范畴的概念集合；再次，对概念集合进行命名，最终形成不同的开放编码。通过上述过程，开放式编码共抽离出73个初始概念。具体分析见表3-2。

表3-2 马拉松赛事与城市文化发展访谈资料初始编码结果

初始概念	访谈资料参考点（节选）
意志力	S02[1]：马拉松是长距离运动，能否完赛靠的就是意志力。（靠意志力[2]） S05：开始跑步主要是我觉得自己需要锻炼出强心脏，这很有必要。（心理强大） S06：信念吧！就是始终相信自己的意志力，能坚持。（相信意志力）

---

① 表中 S01~S08 为访谈文本编号。

② 开放式编码过程中命名的自由节点。

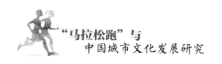
初始概念	访谈资料参考点（节选）
健身	S01：我当时的目的就是想要让身体变得更健康一些。（为了健康） S08：当时中医建议我试试坚持运动。（疗养身体） S05：（跑马拉松的原因）就是想要自己健康点吧，再就是体形好看点。（健身塑形） S07：我主要就是为了减肥。（减肥）
社交	S03：马拉松绝对是收获纯粹友谊的好场所。（收获友谊） S04：我当时就是想追一个姑娘。（情感交流） S05：最开始公司组织团建的方式就是一起跑短程马拉松，所有同事一起，可以增加更多的交流。（社交） S07：当时也是抱着可以拓宽朋友圈的想法。（拓宽朋友圈）
疗养	S02：长期坐办公室，身体状态不好。（身体状态） S06：当时我刚结束一个周期的身体调养，这也是医生建议的。（疗养身体） S04：跑步对我来说就是一种疗愈身心的方式。（疗愈） S07：呼吸自然新鲜的空气，身体会变得很轻松，状态也会更好。（身心状态）
宣泄	S05：隔一段时间觉得自己想透透气了，我就会留意赛事信息。（放松自己） S01：我那时生理、心理承受的压力都特别大，运动是唯一的放松方式了。（摆脱压力） S08：生活中遇到不如意的时候，会想要有一个相对健康的发泄方式。（宣泄情绪）
跑龄	S02：最大的不同，应该就是跑龄长短。（跑龄长短） S05：很重要的原因是我已经跑了很多年了。（跑龄长） S08：这与跑的里程数无关，主要还是一个时间长短的问题。（跑马时间）
年龄阶段	S02：我看到的基本都是我这个年纪的。（年龄段） S07：年纪很小的娃娃很少会想要跑马拉松。（年龄段） S03：活到老跑到老，这应该不受年龄限制才是。（年龄限制）
参赛数量	S03：我的态度很大程度上取决于我参加过的马拉松比赛的数量。（参赛数量） S05：有的厉害的人，基本每年都跑，一年的参赛数量也很可观。（参赛数量）
运动目标	S01：我的个性就是喜欢追求更好的成绩。（目标） S04：能力范围内能参加的都会参加，跑马拉松就是在于挑战自己。（跑马宗旨） S06：每个人跑马拉松的原因都是不一样的，但是只要参加了这场比赛，大多数都是冲着更快去的。（参赛目标）
经验积累	S03：跑得越多，你自己在这方面的经验就越多，很多不利情况是可以规避的。（规避风险经验） S04：现在参加比赛，我会记得带上一件保温外套，这也是之前学习的别人的经验。（学习他人经验）

初始概念	访谈资料参考点（节选）
信息技术	S03：当时看到他们那个（设备），觉得简直就是高科技。（先进技术） S05：对于我们外地参与者，信息完不完整就很重要了。（信息完整度） S01：实时通信非常重要，因为有些因素是不能完全由人为控制的。（实时通信）
运动知识	S01：基本的运动知识肯定是你跑马拉松的前提。（基本知识） S05：那次是吃了知识储备不足的亏，不然就不会受伤了。（知识储备不足） S04：我们跑团定期会组织知识讲座和竞赛，磨刀不误砍柴工。（个体运动知识）
客流量	S01：你想想，不仅是参赛的这些跑者，还有主办方、工作人员、观光游客等，都是潜在顾客。（客户群） S02：办赛前后当地旅游景点的游客数量肯定比较大，来都来了，大家肯定都会到处逛逛。（客流量）
成绩收获	S03：对于我们来说，参加一趟马拉松，肯定也是很关注能取得怎么样的成绩的。（关注成绩） S01：也会羡慕，虽然我们基本不会过度纠结成绩好不好，但是毕竟是比赛。（不纠结成绩）
信息获取	S06：我们了解不到这方面更多的信息，就可能会有更多顾虑。（能否搜索到信息） S07：当时我们是被带着预先去参观了线路的，所以了解得比较全面。（是否了解线路） S01：当时没觉得这条线路会特别难跑，因为我对这方面信息了解有限，所以当时知道的不多。（了解程度）
PB （个人最好成绩）	S06：PB，大家都会多多少少地追求更好的成绩。（追求个人最好成绩） S01：刷新了当时的PB，是印象最深的事了。（刷新PB） S08：达成PB，那场马拉松和那个城市对我的意义肯定不一样。（PB赋予意义）
经验技能	S01：我主要觉得，你从这些经历里获得的经验是最重要的。（经验珍贵） S07：别的不说，至少你能获取经验。（获取经验） S02：这个在日常生活中也是很实用的，怎么发力，怎么省力，怎么合理分配体力。（实用技能）
知识技能	S03：你会有一个大概的把握，你能从这里面学到什么。（获取知识） S05：这是你能学到的东西里最有价值的，姑且叫"长跑精神"吧。（有价值的知识积累）
旅游消费	S04：吃住行，游购娱，都是会产生消费的。（产生消费） S02：你到了一个城市，肯定会想要买些纪念品和特产回去，这是一种很正常的消费行为。（顺带消费） S06：那个赛道设计得很巧妙，展现着城市风貌，还在终点摆了很多很有趣的小摊位，我都很想试试。（产生消费冲动）

"马拉松跑"与
中国城市文化发展研究

续表3-2

初始概念	访谈资料参考点（节选）
景点修缮	S02：你能感觉到这些景点都是被打理过的，很舒服、干净。（景点打理） S05：当时那段赛道是经过整个环湖绿道，湖水干干净净，绿道周围的绿化赏心悦目。（赛道环境优美） S01：突然觉得之前很不起眼的地方变得很美，在这方面还是看出来用了心的。（景观印象转变）
自我实现	S03：我一定要征服这个长度，这是我定下的目标。（实现目标） S06：它是一种完成的体验，有爽快感，给自己也是一种交代。（完成设定目标）
文化融合	S01：我们也和当地的朋友聊过，他们对我们的文化很好奇。（文化交流） S03：当时感觉安排的酒店及附近的商店吸收了各地的文化，有很多熟悉的地方。（文化吸收融合）
自我提升	S07：跑马拉松还能锻炼心态和能力。（锻炼自己） S04：最简单的目的就是锻炼身体。（锻炼身体） S06：在这个过程中，你所收获的东西是不能简单用金钱来衡量的。（自我收获）
赛道难度	S05：仔细了解之后，我还是放弃了，这段赛道对我来说还是有点难度。（感知到可能的风险） S07：主要问题是自然天气，天气太多变了。（天气不可预测）
赞助服务	S01：当时的补给站很丰富，我记得很清楚。（赞助丰富） S03：城市赛事发展肯定需要资本的注入，吸引企业投资。（赞助支持）
风险评估结果	S05：当时我们也是考虑到这个天气因素，大家都有点不敢上了。（感觉到可能有风险） S02：路程比较短，线路也是比较成熟的，这个风险还是可以把控的。（风险是否可控） S07：只要我准备参加一个马拉松赛事，我都会预先做一次风险评估，根据结果做最后的决策。（风险评估情况）
品牌吸引	S01：马拉松的精神，也是那些赞助商衡量的标准吧。（精神契合） S03：像很多品牌赞助商，也是抱着想要在这边开拓市场的诉求来的。（品牌诉求）
配套服务	S01：能明显感觉到一场马拉松对地方经济的拉动，人群一聚集，就需要消费。（服务消费） S07：当时也是刚尝试，会发现城市除了跑道之外还有很多东西。（协同效应） S08：酒店体验很好，甚至之后我都想为了酒店再去一次。（配套设施） S03：去的次数多了之后，每一次都能感觉到赛事之余这个城市其他方面的一些进步。（产业联动）

续表3-2

初始概念	访谈资料参考点（节选）
风险因素	S02：就像人会避免伤害一样，其实决定参与这个比赛之前会本能地想要避免可能发生的风险。（避免风险） S04：其实马拉松没有一些人想得那么危险。（没那么危险） S05：我觉得不确定的因素主要就是天气、路况等。（风险认识） S07：我觉得，跑马拉松不能称作冒险，去一个或熟悉或陌生的地方，领略不同的风景，探索更大的世界，你有足够的能力去应对变化，这才是意义。（对风险的看法）
商业投资	S05：很明显，一场成功赛事的招商引资效果很好。（招商引资） S06：不仅仅是政府，体育赛事会带动整个资本链的加速流动。（资本流动）
个人意愿	S03：我当时主要衡量的就是对比付出和得到的东西，理智决定参赛与否。（参赛选择） S04：会不会再去跑，最重要的还是看赛事的体验如何，如果体验很好，或者觉得还有愿望清单没完成，就肯定会再去。（赛后感受）
参与机会	S01：当时正好就有这个机会，要不要去出国跑跑，很随意的。（偶然机会） S05：因为就在家门口办，能参加的机会就多了。（可参与机会） S04：当时是有人安排好了参加的所有流程和搭配的活动，我自己也不用考虑和准备什么，就跟着去了。（已组织好的活动）
自然气候	S01：那次跑马拉松真的舒服，景色宜人，最主要是气温和湿度太舒服了。（气温和湿度） S07：当时很放心的一点是觉得那里气候特别好，很稳定。（气候稳定） S03：如果天气多变，当然就要慎重考虑，毕竟事关安全。（考虑天气）
探险便利	S01：当时就在家门口，有时间就去了。（方便） S04：主要考虑的就是便利性，当时是上班族，时间很紧凑，所以主要是看哪场马拉松最省时省力。（省时省力）
家人态度	S01：当时家人都是大力支持我的，尤其是我妈妈。（家人支持） S06：一开始还是反对的，因为毕竟这些专业设备还是比较费钱的，但后来自己经济独立了，就陷进去了。（家人反对程度） S02：现在它基本成为我生活的一部分了，身边家人与周围同事朋友都是很了解的。（周围人了解程度）
消费拉动	S08：我特别惊讶于那个纪念品店会那么火，我本来是没有买纪念品的打算，都被勾起了好奇心。（消费驱动） S05：吃饭住宿出行，都要花钱，就不说那些额外的花销了。（消费） S06：最明显就是拉动经济，像我们到一个新的地方，逛街觅食的开销是必不可少的。（开销拉动）

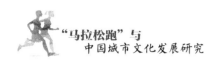

"马拉松跑"与
中国城市文化发展研究

续表3-2

初始概念	访谈资料参考点（节选）
志愿服务	S06：补给站里的志愿者特别热情，提供的补给品也非常全面，不会觉得不便。（志愿补给） S02：这么多物资，这么多背包，都是志愿者一点一点运上来的，所以我们当时都特别感动。（志愿者帮助） S05：冲到终点，马上就有本地的志愿者来询问你的状态，还发放水和纪念品，当时的体验很特别。（志愿者服务）
装备物资	S03：必须了解专业装备、设备这部分，极端条件下是能救命的，非常重要。（装备重要性） S01：你跑那么长的距离，物资补给肯定是必须要的。（装备物资必要性）
时间资金投入	S02：你有一定的资金投入，有了好的装备，对整个行程都会起到很大的作用。（资金保障） S04：参加国外的马拉松赛事，这是一个很大的系统的工程，而且也是需要花很多钱的。（资金花费） S07：实际上，跑马拉松是一项很烧钱的爱好。（资金投入大）
保险服务	S01：很容易忽略的一点就是，提前确定保险是否购买是很必要的。（保险必要性） S05：如果你有受伤或者更坏的情况发生，提前买保险很重要。（保险保障）
就业	S04：很多工作人员会和我们交流，他们大部分都是本地人，专门做赛事服务的。（本地人就业） S07：光是筹备马拉松，很多工作岗位就有劳动力需求，如建筑、酒店、服务等。（岗位需求）
线路数量	S04：那次最深刻的印象就是场面很大，给你路线选择，规划得很丰富。（路线选择多） S07：芝加哥马拉松比赛对于赛道的规划很舍得投入，线路规划兼具质和量。（线路质与量）
准入门槛	S02：（马拉松）还专门有亲子报名版块，很贴心。（亲子参与） S05：我觉得马拉松其实是最能体现全民健身这一概念的一种运动。（全民健身） S07：参与人数多其实很考验主办方的水平，怎么疏通，怎么引导，怎么保证质量等都是问题。（参与门槛质量要求）
赛场人流	S01：唯一的印象就是人多，到处都是人，出奇得热闹。（人多） S04：跑马拉松人数多很重要，人一多气势就足。（参赛人数重要）
医疗补给	S04：除了补药品，更重要的一点其实是医护人员，或者说医疗资源。（医疗资源） S06：但凡运动，疲劳或者受伤都是很难避免的。（损伤难避免） S05：也要考虑整个赛道安排之类的，有什么情况需要能及时得到救助。（及时救助）

初始概念	访谈资料参考点（节选）
规则	S06：虽然总的来说大同小异，但是细的规则还是很考验水平的。（细分规则） S02：因为一般跑的路线是固定的，这里面需要考虑的因素很多，比如，什么时候给饮料，怎么监督路线等都很重要。（设置考虑）
赞助收入	S02：对于部分赞助商来说，斥资千万元来获得品牌曝光是很正常的事。（赞助商出资） S06：不同的赛事规模，能拉到的赞助也是不同的，因为挂名费不同。（挂名费） S04：像一般的马拉松赛事，赞助收入基本能覆盖50％～60％的赛事成本。（赞助覆盖成本）
赛道规划	S01：当时还有城市会收集我们的反馈，来优化它的赛道。（赛道优化） S05：提升城市风貌是基本的，需要认真比对，看哪条赛道更适合、更优质。（优质赛道）
创新技术	S03：现在科技越来越发达，先进技术的应用也会大大提高赛事安全性和成功率。（先进技术应用） S06：对于很多有马拉松梦但是没有条件亲身参与的，VR（虚拟现实技术）这种就能让人身临其境了，当然也还有不能还原的，比如，身体方面的因素，那就期待未来吧！（技术改善条件） S08：很多级别高一点的马拉松比赛，比如，之前我参加的厦门马拉松，配备了很多新设备和新技术，包括4K转播、云端监控这些，给人的感觉很好，赛事评价也高。（新技术提高赛事质量）
安全保障	S07：那次马拉松最让人觉得离谱的是环卫工作都做得很糟糕，垃圾到处都是，不仅仅是印象问题了，其实安全风险也很大。（卫生安全） S02：当时每隔一段距离都有裁判和教练组，会判断跑者的状态，如果情况不对都能及时发现和救治。（医疗安全）
交通服务	S03：城市跑马拉松最基本也最重要的我觉得就是交通管制了，事关赛事安全。（交通管制重要性） S05：当时主办方提供的服务很贴心，我们凭号码布就可以免费乘坐公共交通。（公共交通服务） S06：有的城市还会在赛事期间定制马拉松公交地铁专线，还有专门的电子站牌，LED车厢装置，体育氛围很浓厚。（交通定制服务）
空气净化	S01：那次很明显的是比赛当天雾霾特别严重，感觉参赛者都变成了"人体吸霾器"，很多人都直接退赛了。（雾霾影响参赛） S02：户外运动嘛，对空气质量要求肯定很高，如果空气质量不达标，肯定会影响大家的状态还有体验。（空气质量要求高） S08：在这样好的空气下跑马拉松，整个身心非常舒服，跑友们对整个城市的印象都特别好。（好空气）

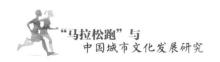
续表3-2

初始概念	访谈资料参考点（节选）
人才培养	S05：工作人员的素质都很高，也能看出他们马拉松相关的知识很丰富，据说是专门培训过。（工作人员培训） S04：地方政府都很重视人才培养和引进，据说还有计划开设专门的马拉松学院，都是很好的趋势。（地区重视人才培养） S02：马拉松俱乐部的入驻在当地是很受欢迎的，为什么？就是职业体育和竞技体育结合，培养后备军。（俱乐部入驻）
医疗卫生	S03：大的方面整个城市的公共设施环境都会有改变的，比如，医院医疗这些，城市想要展现好的形象，就必须要下功夫改善。（城市改善医疗） S05：一般来说城市在承办一场比较大型的马拉松赛事之前，都会针对性地对城市环境进行治理，比如，卫生环境，旧貌换新颜嘛。（卫生治理）
资源开发	S08：当时在无锡跑马拉松很畅快的一点就是感觉整个跑下来你不仅仅是完成了一场马拉松，还观赏了一遍这个城市最值得看的风景，显然这个路线设计是用心了的。（风景路线） S06：最重要的我觉得还是要有地方特色吧，现在马拉松同质化那么严重，要想突出重围，肯定需要有能特别吸引大家的地方。（挖掘特色）
技术创新	S02：除了可佩戴的设备，其实马拉松场地也是个思路，像之前那个汽车工厂马拉松，直接把线路规划到汽车智慧工厂里，很有魅力。（智慧创新） S04：有的城市很先进，把可视化技术搬进了赛道里，可视化指挥，终端数字大屏会呈现竞赛道路实时数据和医疗救护实时数据，很展现水平。（技术创新水平）
污水处理	S02：有的城市湖泊河流比较多且有特色，就会选择环湖跑、环江跑，这个其实很重要的一个因素就是水质。（水质很重要） S01：有的城市跑道，你跑过去还会有下水井盖透出来很难闻的气味，就很影响感官体验。（污水影响体验） S05：你挑不出一点错，空气、水环境都是美的。（水环境）
城市绿化	S03：就在家门口嘛，那段时间市政府下政策加大马拉松赛道绿植补栽、修剪、冲洗还有除尘力度，就是想助力马拉松举办。（绿化助力马拉松） S05：当时我们跑友都感叹，精致到了绿植修剪的程度。（绿植管理）
建设投资	S02：政府拨款，专门用在赛道提升上面。（赛道提升投资） S06：马拉松其实也算是城市地标，比如，像兰州马拉松，当时建的马拉松公园我现在都会想要去逛逛。（公园地标建筑）
口碑宣传	S05：我现在都记得那个口号"牵手世界，领跑未来"，那个小横幅还贴在我书房里。（符号记忆） S08：那次马拉松基本是零差评，直到现在我还会跟人家宣传，推荐周围朋友去跑。（向亲友推荐） S07：赛事宣传做得好，也能体现这个城市的重视程度，我会比较有好感。（宣传力度）

初始概念	访谈资料参考点（节选）
城市名片	S02：举办马拉松，基本都会奔着打造城市名片去。（打造城市名片） S03：赛前、赛中、赛后保障做得好，参赛者和观众的体验好，城市精神就传递出去了，城市印象也会随之变好。（城市精神和城市印象） S06：赛事口碑也是城市口碑的组成部分。（城市口碑）
体育好感度	S04：当时我遇到的跑友很大一部分都是本地人，大家都很高兴能在自己的城市跑马拉松，你能真切感受到他们对于马拉松的喜爱。（市民喜爱度） S07：旁边都是给你加油，鼓励你冲刺的本地市民，冲线之后还给你送花，真的很感动。（市民支持）
市民素质	S08：市民会提前做好出行规划，自觉避开赛道沿线和周边道路，整个跑下来特别流畅。（市民自觉避让） S02：文明观赛、文明助威太重要了，因为跑到最后其实很疲惫，很怕有那种破坏秩序，追逐打闹的情况发生。（文明观赛）
观赛行为	S02：你跑多了其实还是能比较明显地感受到区别的，比如，观赛礼仪，有的观众横穿跑道，带孩子、带宠物，这样的事情还是有。（观赛礼仪） S03：听说是会提前发倡议书，针对观赛行为做出规范，不尾随、不吵闹之类的。（观赛倡议书）
民俗文化	S01：最特别的是有一次乡村马拉松，你在竞技赛跑的同时还能感受当地的民俗民居，还能看到秀美风光。（民俗民居风光） S02：具有当地少数民族特色的赛道、沿途富有独特民族文化的加油方式，以及蕴含当地民俗文化精髓的完赛奖牌，给人印象挺深刻的。（民族文化印象）
服务态度	S01：赛前休息区域也是被精心安排过的，大家坐在一起休息，就像在野营，帐篷、移动厕所、饮料餐食都一应俱全。（精心安排） S02：赛事监理，最近讨论的挺多的，负责监管跑者和志愿者、解决工作人员之间的问题，有决策权，保证问题及时得到处理。（服务监管）
竞技精神	S04：大家都很尊重你，这种感觉是最好的，尊重这项运动。（尊重运动） S06：马拉松应该也是能对观众、市民有教育意义的吧，我觉得，不断突破自己，勇往直前。（教育意义）
群体影响	S08：如果不是身边有这样的朋友，我从来没有想过要自己去跑马拉松，对这个的了解也会很片面。（周围朋友影响） S03：当时我妻子就劝我尝试一下跑步减肥，比较健康。（他人劝告） S06：大家一起跑，就会很有劲、很有动力，前面有人带着你。（身边跑友）
受众范围	S01：当时没逛几天就返回，主要是我觉得景点这些不是我感兴趣的。（观光取向） S05：我觉得着重展现的肯定是那些大家都喜欢的吧，对于城市来说。（受众面广）

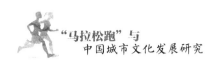
续表3-2

初始概念	访谈资料参考点（节选）
探索未知	S02：为什么向往自然？可能人就是一种很好奇的生物吧。（好奇心） S07：每次去参赛的话，肯定还是希望能去没去过的城市，有一定探索性。（探索性） S03：如果你能预料到会经历的所有事情，那跑马拉松本身也是失去意义的。（探索意义）
全民性	S01：当时氛围特别好，老爷爷老奶奶还有很多小孩子，让你觉得像在一个大家庭一样。（家庭氛围） S04：家里支持的主要原因还是对这项运动不抵触，大家都跑步。（接受度高） S07：当时跑道旁边来加油鼓劲的都是当地的市民，你能感受到他们发自心底的支持，特别感动。（市民支持）
配套活动	S02：比较有意思的一点是主办方专门发起了抖音挑战赛，给大家专门搭建了一段分享平台，大家都能在那里打卡拍照，比较新颖。（新颖活动设置） S03：比如，西安当时的城墙跑挺吸引人的，营造出了一种整个城市都参与其中的氛围。（活动氛围营造）
长期效应	S01：我是觉得马拉松相比任何一项体育运动，它的社会效益都更明显，比如，它对于城市的体育产业、健康产业，甚至是医疗卫生事业，都有推动作用。（社会效益明显） S06：你在这里创造了个人最好成绩，这个城市对你的意义其实都不一样了。（个人城市印象） S08：不仅是经济还有政策驱动，赛事举办还会在更深层面对城市产生影响，比如，精神层面、文化层面。（深远影响）

　　基于初始编码的结果，研究者继续从更大范围解释和综合数据，通过不断对比分析，从初始概念中提取副范畴，以实现概念范畴化。表3-3具体展现了赛事形象和目的地形象发展关系副范畴的提取过程。

表3-3　马拉松赛事与目的地城市形象访谈资料副范畴及对应初始概念

副范畴	初始概念
参赛经验	跑龄 参赛数量
个体个性	年龄阶段 运动知识 意志力 运动目标

副范畴	初始概念
外导需求	健身 社交 宣泄 疗养
感知价值	经验积累 成绩收获 知识技能 自我实现
感知风险	信息获取 赛道难度 风险因素 风险评估结果
再次参赛意愿	个人意愿 参与机会 家人态度
个人成就	PB（个人最好成绩） 经验技能 自我提升
保障因素	装备物资 自然气候 时间资金投入 探险便利
赛事规模	线路数量 赛场人流
赛程安排	规则 赛道规划
赛事管理	安全保障 创新技术 准入门槛
赛事服务	医疗补给 志愿服务 保险服务
生产收入	就业 赞助收入 消费拉动

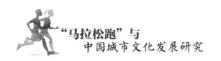
副范畴	初始概念
相关产业发展	配套服务 商业投资 品牌吸引
食宿水平	赞助服务 文化融合
旅游吸引物	景点修缮 客流量 旅游消费
便利程度	信息技术 交通服务 医疗卫生 技术创新
地区政策	建设投资 人才培养 资源开发
环境治理	空气净化 污水处理 城市绿化
城市知名度	口碑宣传 城市名片
市民素质	好客程度 体育好感度 观赛行为
特色文化	民俗文化 探索未知 受众范围
现场氛围	服务态度 竞技精神 全民性
重游意愿	群体影响 配套活动 长期效应

通过如表 3-3 所示的概念范畴化过程，本书一共得到 24 个副范畴，并对提取出的 24 个副范畴的内涵进一步分析如下：

（1）参赛经验是指马拉松跑者从以往个体所参与的马拉松赛事中所获得的关于马拉松赛事及其相关事物的认识，还包括从这其中获得的知识和技能。

（2）个体特性是指马拉松跑者在参赛过程中所表现出来的个体自主性，受个人所处年龄段、认知和精神力的影响。

（3）外导需求包括了健身、社交、宣泄等与马拉松跑者个体以外因素相关的，由外部环境或群体因素作用于个体而形成的一种外部导向的需求。

（4）感知价值指的是马拉松跑者在进行参赛决策和参与赛事整个过程中所能感知到的利益与在获取产品、服务时所需要付出的成本之间进行权衡之后，对马拉松赛事效用的总体评价。

（5）感知风险是指马拉松跑者在进行参赛决策时所感知到的潜在风险或现实风险，这是建立在马拉松跑者对风险的主观评估结果上，受马拉松赛事赛程安排、完赛难度及所获取的信息程度影响。

（6）再次参赛意愿是马拉松跑者基于参与马拉松赛事的经历和体验得出的主观感受，受到个人意愿、家庭态度和客观参赛机会的影响。

（7）个人成就是指马拉松跑者在赛事中所拥有的获得感，愿望和现实达到的平衡程度，包括可观的完赛成绩，也包括主观的自我提升感受。

（8）保障因素是指装备物资、时间资金等马拉松跑者所拥有的以进行马拉松赛事的因素，包括内部因素和外部客观支撑条件。

（9）赛事规模是指根据参赛人数和比赛规格划分的马拉松赛事，有小型赛事和大型赛事之分。

（10）赛程安排指的是一场马拉松赛事制订的关于比赛时间和场次的安排，包括马拉松赛事的具体规则和赛道线路的规划。

（11）赛事管理是指为保证赛事顺利而进行的运营和保障工作，包括安全保障、创新技术应用、准入门槛设置等步骤。

（12）赛事服务指的是马拉松赛事主办方为参赛跑者和观赛人员所提供的各项服务的计划和管理，包括保险服务、医疗服务、志愿服务等。

（13）生产收入是指目的地城市通过举办马拉松赛事所实现的经济收入，主要渠道包括赞助收入、消费拉动、就业机会创造等。

（14）相关产业发展是指马拉松赛事作为综合性活动关联带动赛事举办地城市相关产业发展、推动产业结构优化的过程，包括配套服务、商业投资、品牌吸引入驻等方式。

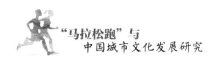
（15）食宿水平是指马拉松赛事举办包括的消费和住宿活动推动目的地城市餐饮业、酒店业进步发展的过程。

（16）旅游吸引物是指除马拉松赛事本身之外，目的地城市对马拉松跑者产生吸引力的各种事物和因素，同时也在不同程度上影响马拉松跑者参赛决策的产生。

（17）便利程度是指马拉松赛事举办地城市的信息技术、交通、医疗等方面的服务水平，也包括赛事举办过程中马拉松跑者的主观感受。

（18）地区政策是指马拉松赛事举办地城市对地方体育赛事顺利举办所提供的政策支持，包括建设投资、人才培养和资源开发等方面。

（19）环境治理指的是马拉松赛事举办地城市基于马拉松赛事举办标准和自身发展规划所进行的包括空气净化、污水处理、城市绿化等在内的环保举措和环境发展水平。

（20）城市知名度是指马拉松赛事举办地城市通过举办一场成功的马拉松赛事所获得的口碑效应和城市品牌宣传效果。

（21）市民素质是指马拉松赛事举办过程中通过城市居民所体现的人文风采，包括热情好客程度、对体育赛事的支持度、现场和赛后评价行为等。

（22）特色文化是指赛事举办地城市在马拉松赛事进行过程中所体现出的区别于其他城市和地区的内在根基和精神风貌，包括民风民俗、未知探索，也包括在赛事举办过程中吸引特殊受众参与马拉松赛事的各项事物和因素。

（23）现场氛围是指赛事举办地城市在马拉松赛事过程中由人、事、物所共同构成的一切行为现象、精神现象所体现出来的文化气氛，具体包括服务态度、竞技精神、全民参与氛围等。

（24）重游意愿是指马拉松赛事结束后各方参与者基于参赛体验和城市印象再次前往赛事举办地观光游览的意愿，这会受到周围群体、赛事配套活动等的影响。

3.3.2　主轴式编码：选取主范畴

在经过开放式编码之后，建立的概念和范畴形成了密集的关系网。但初始概念仍存在相互交叉且数量庞杂的问题，因此需要进一步的对比和归类，在提取主要类属之后，就生成了主轴式编码。主轴式编码又称"关联式登陆"，其主要任务是基于开放式编码提取的副范畴，通过进一步的归纳、对比，发现和建立各类属之间的关系，从而发掘主范畴及其对应的副范畴。随着分析的不断深入，有关各个类属之间的各种联系应该变得越来越具体。在对概念类属进行关联性分析时，研究者不仅要考虑到这些概念类属本身之间的关联，而且要探寻表达这些概念类属的被研究者的意图和动机，将他们的言语放到当时的语境及他们所处的社会文化背景中加以考虑（陈向明，1999）。具体来说，主轴式编码的步骤可以分为以下四步：

（1）检查各初始概念类属和各现象之间的关系，思考各类属与概念之间可能存在的假设性关系。

（2）反复对比原始资料是否支持上述假设性关系。

（3）寻找主要概念类属和次要概念类属的性质，确认各自定义。

（4）验证实际应用数据中的证据、事件，予以解释和说明，反复进行推导和归纳整理。

主范畴的提取过程需要不断从不同范畴与类属之间的关系中进行归纳性分析。整个过程是一个不断在比较中完成的工作，以不断产生更加抽象的概念与相关社会理论建构作为目标。这实际上体现了社会建构主义的研究思路，即研究在特定的时间和地点人们认为什么才是真实的，并且他们是怎样以此来建构出自己的观点与行为的过程，而研究者对研究对象及其现象的解释本身也就是一种建构过程（Glaser，1999）。为了使类属之间的关系具体化，本研究在Glaser 提出的编码关系的基础上，深入对比分析概念和范畴之间的关系，对开放式编码过程中范畴化得到的副范畴及对应概念之间的关系进行深入的对比分析，挖掘类属之间潜在的逻辑关系，最终提炼出以下 8 个主范畴：

（1）主范畴一：参赛者特质。"参赛经验"和"个体个性"是马拉松跑者作为赛事相关主体影响马拉松赛事开展过程、效果和后续影响的潜在因素，共同构成了参赛者特质，依据访谈原始文本，分别体现在"年龄阶段""跑龄""运动知识""意志力""运动目标""参赛数量"6 个方面。

（2）主范畴二：主体认知。马拉松跑者的"外导需求"明确了驱使其做出参赛决策的感受和认知结果，群体和外部因素作用于个体，使其产生包括健身、社交、宣泄、逃避等在内的心理诉求，驱使马拉松跑者做出参赛决策。"感知价值"和"感知风险"会影响参赛主体（即马拉松跑者）对于马拉松赛事的价值判断和风险认知。"经验积累""成绩收获""知识技能""自我实现"都是属于"感知价值"的维度。"信息获取""赛道难度""风险因素""风险评估结果"都是影响"感知风险"的因素。基于此，形成主体对于赛事的整体认知。

（3）主范畴三：参赛体验。"再次参赛意愿""个人成就""保障因素"都属于马拉松跑者参赛体验的范畴。赛事"保障因素"偏向指参赛个体在参赛过

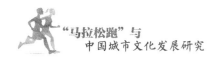

程中感知到的影响完赛与否的"装备物资""自然气候""时间资金投入""探险便利"条件。通过参与马拉松赛事,参赛跑者或取得"PB"(个人最好成绩),或积累专业"经验技能",获得"自我提升",同时"个人意愿""参与机会""家人态度"共同影响马拉松跑者的"再次参赛意愿",进而形成对"参赛体验"的不同判断。

(4)主范畴四:赛事质量。"赛事规模""赛程安排""赛事管理""赛事服务"共同构成了马拉松参赛者对于"赛事质量"的感知维度。通过逐级编码整理归纳,"线路数量"和"赛场人流"是参赛跑者判断马拉松赛事规模的主要维度。"赛程安排"包括赛事"规则"和"赛道规划"两大部分,主要因办赛地点自然条件的不同产生差异。"安全保障""创新技术"和"准入门槛"分别体现了"赛事管理"的安全水平、创新能力和赛事水准,共同影响参赛跑者对于"赛事质量"的总体感知。

(5)主范畴五:经济环境。马拉松赛事对目的地城市形象的影响,从"经济环境"来看,包括"生产收入"和"相关产业发展"两个主观感知维度。参赛跑者和因马拉松赛事举办而汇集到目的地城市的人流带动了消费;同时,赛事举办也为城市增加了大量就业机会,成为吸收社会就业的重要渠道。马拉松赛事举办作为一项综合性活动,所需要的"配套服务"和"商业投资"带动了包括交通、住宿、餐饮、服务等行业在内的相关产业的发展。同时,赛事本身的"品牌吸引"也成为城市产业长足发展的重要衡量维度。

(6)主范畴六:设施环境。马拉松赛事的举办推动城市提高"食宿水平",重点利用和打造"旅游吸引物",不断提升城市"便利程度"。根据逐级编码结果,"赞助服务"展示了城市已有食宿水平之外的餐饮业、酒店业服务水平,"文化融合"是人群互动和交流产生的良性结果,共同组成赛事举办地城市"食宿水平"范畴的感知维度。体育赛事的举办为当地旅游景点带来大量"客流量",拉动"旅游消费",也促使城市对旅游景点进行修缮和维护,进一步改善旅游条件。除此之外,赛事举办带来的"信息技术""交通服务""医疗卫生"和"技术创新"的进步也是马拉松参赛跑者感知马拉松赛事对目的地城市影响的重要维度。

(7)主范畴七:社会环境。体育赛事的举办得益于"地区政策"支持和"环境治理",也在促进"城市知名度"提升的同时加强目的地城市与体育赛事的契合度。体育法制化为马拉松赛事举办提供保障,城市政策对于体育赛事举办的"建设投资""人才培养"和"资源开发"是主要的感知评价维度。"空气净化""污水处理""城市绿化"也具体对应目的地城市在举办马拉松赛事前后环境治理的判断维度。在"城市知名度"方面，马拉松参赛跑者基于体验和评价的"口碑宣传"和赛事举办效果打造的"城市名片"是城市知名度的主要体现。

（8）主范畴八：人文环境。"市民素质""特色文化""现场氛围"和"重游意愿"共同构成了马拉松赛事举办地城市"人文环境"的感知维度。依据原始访谈资料的编码和范畴化，马拉松赛事目的地城市居民的"好客程度""体育好感度"及赛事举办现场的观赛行为最为直观地体现了赛事举办地城市居民对于马拉松赛事的态度。城市"民俗文化""探索未知"的参与目的及城市文化的"受众范围"共同构成城市"特色文化"的感知维度。马拉松赛事过程中的"服务态度""竞技精神"和参与群体的"全民性"构成了"现场氛围"范畴内的评价感知维度。贯穿赛事全过程的"配套活动"、赛后"群体影响"和"长期效应"影响马拉松参赛跑者和相关群体对于赛事举办地城市的"重游意愿"。

在主轴式编码阶段，本研究根据各范畴之间的逻辑关系和一定的相关性分析，得到影响马拉松赛事形象和赛事举办地城市发展的8个主范畴（见表3-4），分别为参赛者特质、主体认知、参赛体验、赛事质量、经济环境、设施环境、社会环境、人文环境。

表3-4　赛事形象与目的地形象访谈资料主轴式编码结果

主范畴	副范畴	主范畴	副范畴
参赛者特质	参赛经验 个体特性	经济环境	生产收入 相关产业发展
主体认知	外导需求 感知价值 感知风险	设施环境	食宿水平 旅游吸引物 便利程度
参赛体验	再次参赛意愿 个人成就 保障因素	社会环境	地区政策 环境治理 城市知名度
赛事质量	赛事规模 赛程安排 赛事管理 赛事服务	人文环境	市民素质 特色文化 现场氛围 重游意愿

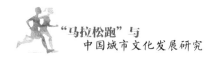
3.3.3 选择式编码：确定核心范畴

扎根理论研究方法数据分析的最后一个阶段为选择式编码。在这一阶段，研究者的主要工作是通过反复对比、整合凝练，从所有已命名的概念类属之中提炼出一个“核心类属”。选择式编码的目的就是从主范畴中发掘核心范畴。通过将主范畴与其他范畴联系起来，反复验证它们之间的关系，并不断将概念化尚未完备的范畴补充完整，提炼核心范畴。在此之后，再将核心范畴反过来与其他主范畴系统地联系起来，找出其关系脉络，构成新的理论框架，并回到原始的资料中进行验证。总的来说，核心范畴是浓缩所有分析结果后得到的关键词，这几个关键词足以说明整个研究的内涵，即使条件改变导致所呈现出的现象有所不同，但仍具备解释效力。在选择性编码之后，可以发展出一条“故事线”（Story Line），指的是用前两级编码发展出的类属、关系等提炼一个可扼要说明全部现象的核心，并且可以用资料去验证。选择式编码主要有以下 5 个步骤：

（1）创建一条清晰的“故事线”（Story Line）。

（2）通过编码典范模型呈现主范畴和副范畴之间的联系。

（3）在面向的层级发展派系类型。

（4）回到原始资料验证各派系中概念类属间的关系。

（5）补充必要的范畴类属。

NVivo 软件的使用使得分析类属之间潜在逻辑关系并获得主范畴的巨大工作负担得以减轻，加快了逻辑演绎分析的效率。Charmaz（2004）指出，图表可以使数据的关联清晰化、可视化，并且能够展现概念之间的相对关系、影响范围及方向。为了更直观地展示主范畴与副范畴、副范畴及初始概念之间的关系，本书利用扎根理论分析软件 NVivo11.0 中的模型功能，将所建立的类属（节点）之间的关系结果，即典范模型以图形的形式呈现出来。结合研究问题，本研究对 8 个主范畴及 24 个副范畴之间的关系进行深入分析，并回归原始资料，不断梳理其关系和脉络。

通过对主范畴及其他范畴在马拉松赛事形象与目的地城市形象之间关系的分析（见表 3-4），并结合资料进行对比、回溯，本研究确定了“马拉松赛事形象与目的地形象的耦合关系”这一核心范畴。核心范畴从马拉松跑者的视角出发，对马拉松赛事进行体验，形成对马拉松赛事和目的地城市形象之间关系的印象和感知，这样的感知价值对马拉松赛事品牌构建和城市文化建设发展具有指导意义。

通过上述分析，结合参赛者特质、主体认知、参赛体验、赛事质量、经济环境、设施环境、社会环境、人文环境这些主要范畴和各副范畴之间的紧密联系和相互影响关系，本研究建立了马拉松赛事与目的地城市之间的耦合发展模型（见图3－3）。

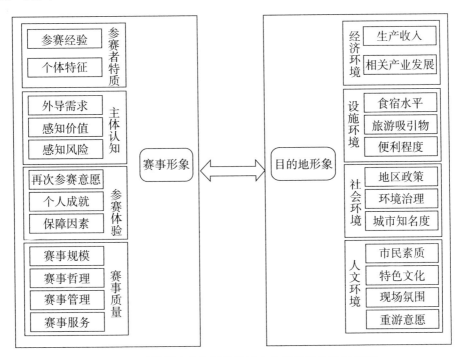

图3－3 马拉松赛事与目的地城市之间的耦合发展模型

3.3.4 理论饱和度检验

目前，学术界认为可以从两个方面来检验扎根理论研究的理论饱和度：一方面是在确定核心范畴的基础上，继续收集新的资料进行分析和比较，如果没有产生新的范畴和关系，表明理论饱和度通过检验；另一方面是通过后续的实证研究，对利用扎根理论形成的典范模型配合其他数据加以检验，如果相关概念范畴形成的命题假设得到了验证，也表明达到了理论饱和状态（陈雪梅，2018）。当然，相比较少使用客观指标来测量是否饱和，理论饱和度检验多数是靠科研人员的主观经验来把握。因此，本研究理论饱和度检验以后续实证研究验证为辅，主要还是基于对最后两个研究样本共计13300字的原始资料进行分析和提炼，发现基本不再出现新的理论内涵或新的概念关系，则表明已经通过理论饱和度检验。

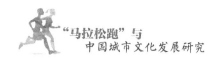

为了提高本研究的科学性，根据扎根理论研究特点，本研究采取以下两方面措施：一方面，根据质性研究抽样的需求，本书主要采用理论抽样的方法进行访谈数据收集，在选择样本时考虑访谈对象的不同年龄、不同马拉松参赛经验等因素，以尽量保证样本的典型性，并且在理论达到饱和之后才停止抽样。同时，为了不引起访谈者对访谈问题的过度敏感，避免获得受访者不真实的信息，所有的访谈都始于引导性问题，以便引导受访者打开话题。此外，在访谈过程中，征得受访者同意后对访谈进行录音，访谈结束后尽快将录音逐字逐句转录为文字稿，以确保研究资料的准确性。另一方面，为了避免研究者个人先前观点的主观影响，本研究按照传统扎根理论的要求，在研究初始阶段主要进行方法论及社会学、心理学等领域相关文献的阅读和学习，将文献综述放在研究过程之中。无论是在资料收集还是分析的过程中，研究者都尽量悬置个人偏见。同时，本研究还采用合众法对研究资料的来源与分析、编码等方面进行分析，收集资料时采取协作式访谈，分析资料时通过两名研究人员分析同一份资料进行对比，并对存在的问题进行充分探讨，以尽量避免研究者的主观影响。

3.4 结果分析与研究结论

根据上一章的分析过程及获得的马拉松赛事与目的地城市耦合发展模型，本部分研究首先将对最基础的研究资料进行概述。在这之后，进一步对耦合发展模型的作用机理进行分析讨论，试图探究马拉松赛事和目的地城市之间的相互影响及其影响因素。最后，得出本部分的研究结论。

3.4.1 研究资料概述

本书通过质性研究软件 NVivo12.0 版本对 8 个受访者样本共计 69289 字的访谈原稿进行词频统计分析，以人工方法过滤掉非词的组合后，得到如图 3－4 所示的文本关键词词云图，其中字号越大表示该关键词在参赛者访谈文本中出现的频率越高，如"马拉松""跑步""锻炼""喜欢""减肥"等，在访谈文本中均是高频词，在一定程度上表明参赛者重视这些关键词所表达的马拉松参赛经历和体验。

图 3-4 马拉松参赛者访谈词语云

同样通过对马拉松跑者访谈样本、访谈文本词频的统计，获得如图 3-5
所示的矩形树状结构图，利用该图可以清晰明了地对原始访谈文本进行概念的
提炼和三级编码，为提高研究效率提供帮助。

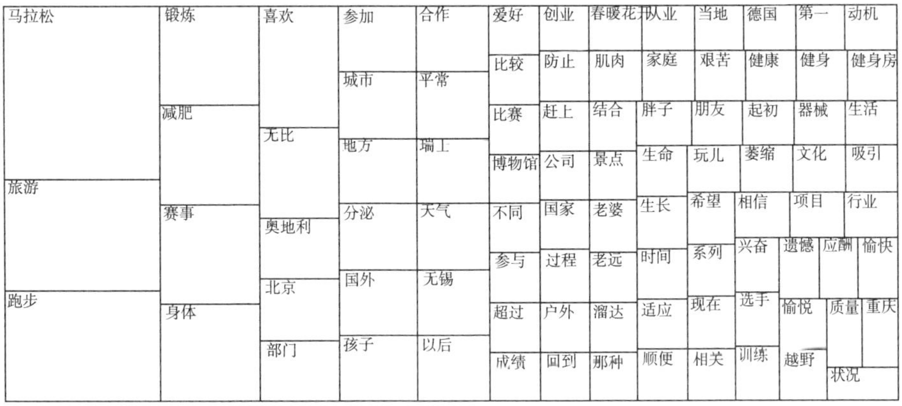

马拉松	锻炼	喜欢	参加	合作	爱好	创业	春暖花	执业	当地	德国	第一	动机
	减肥	无比	城市	平常	比较	防止	肌肉	家庭	艰苦	健康	健身	健身房
			地方	瑞士	比赛	赶上	结合	胖子	朋友	起初	器械	生活
旅游			博物馆	公司	景点	生命	玩儿	萎缩	文化	吸引
	赛事	奥地利	分泌	天气	不同	国家	老婆	生长	希望	相信	项目	行业
		北京	参与	过程	老远	时间	系列	兴奋	遗憾	应酬	愉快
跑步	身体		国外	无锡	超过	户外	溜达	适应	现在	选手	愉悦	质量	重庆
		部门	孩子	以后	成绩	回到	那种	顺便	相关	训练	越野		
											状况		

图 3-5 马拉松跑者访谈关键词矩形树状结构图

通过对原始访谈文本的词频分析和关键词提取，可以对马拉松跑者的参赛
行为和参赛动机进行初步的判断和分析。可以发现，参赛者参与马拉松赛事，
主要的动机集中在"旅游""锻炼""喜欢""减肥"四类。

其中，以城市特色文化、风土人情为选择基础的"旅游"动机被提及的次
数最多。许多访谈对象表示去一个城市跑马拉松不单只是跑马拉松，也是一次
旅游，了解各个城市的历史文化、风土人情，品尝各个城市的特色美食。访谈
对象表示：

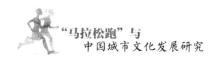

（1）"跑马拉松可以去不同的城市，还可以去国外跑马拉松，这多好呀，可以去玩，就当旅游了。"（S01）

（2）"我们就想的是这样去国外玩，就找一个有马拉松的地方，正好去瑞士玩，那有一个三国马拉松，就是围着博登湖一圈，跨过三个国家，从奥地利出发，经过瑞士、德国又回到奥地利。所以其实是为了旅游，然后顺便跑了个马拉松。"（S03）

（3）"因为是一个旅游的动机，对大家而言，跑其实都一样，无非就是你跑的时候看到的风景，要不我为什么跑那么远参加马拉松。我跟着他们去溜达，其实就想的可以去旅游，然后就是跑步时有一点旅游景点就好了。"（S05）

增强体质与健康也是访谈对象提及频率较高的内部动力因素之一。随着生活水平的提高，人们越来越重视生活质量，关注自身健康，越来越多的人投入到体育锻炼中。访谈对象表示："我是比较相信跑步让身体会更好一点，生活质量会更高一点，更健康一点，而且跑步时会分泌多巴胺，你会感到愉悦。"（S04）

还有受访者提到跑马拉松更多的是基于自己的兴趣爱好："我连续跑过三届成都双遗马拉松，这是一个我很喜欢的赛事。"（S06）

3.4.2 马拉松赛事与目的地城市耦合发展作用机理分析

本研究最终提炼的核心范畴"马拉松赛事形象与目的地形象的耦合关系"中"耦合"一词来源于物理学中的耦合（Coupling）概念，最初是用来解释两个或两个以上系统之间的相互作用、相互影响，最终实现相互协调的动态过程，系统内部各个要素之间相互摩擦、相互适应，逐步实现耦合发展的过程。假设 A、B 两个系统之间存在一定的关联度，其内部要素之间相互作用，不断优化升级，实现系统协调发展，这一现象可以确定 A、B 两系统耦合，因此我们可以把 A、B 之间的耦合关系设定为研究对象。耦合作用及其协调程度决定了系统由无序走向有序的一种趋势。马拉松赛事与赛事举办地城市之间的耦合关联，就是马拉松赛事在策划、准备、举办的过程中，与目的地城市发展之间的相互作用、相互影响。本研究以赛事形象和目的地形象之间的耦合关系为研究对象，将赛事形象和目的地形象作为两个独立的系统，尝试对两个系统耦合发展的作用机理进行探究分析，运用耦合关系帮助两个系统有序健康发展，充分利用城市与赛事之间的积极作用关系，促进双方协调发展。

3.4.2.1　马拉松赛事形象对目的地城市发展的作用机理

（1）城市经济。

体育赛事对城市经济发展的作用主要体现在需求促进方面。马拉松赛事作为全民参与的一场盛事，对城市文化最直接也最显著的影响就体现在城市经济方面。对此，马拉松跑者访谈中有这样一些表述："城市办一场马拉松，前期投入肯定是不少的，但是反过来，赛事也是城市经济发展的助推剂。""就从经济收入来说，消费的快速增长也是很可观的。""经济主导地位的大背景，放到城市这里也是一样的，赛事带来的经济价值是大家很热衷的。""体育赛事涉及的是更精神文明层次的东西，对城市经济结构改善有重要作用。""马拉松赛事是全民性的体育运动，如今它慢慢地成为城市经济发展的载体了。""人一聚集，就有需求，肯定就会产生消费，那就是收入。"

筹备和举办赛事期间，马拉松赛事对城市产生集聚效应，政府发布各项优惠政策来吸引投资，民众对赛事产生广泛的关注，商家通过赞助赛事以求得企业知名度和扩大企业的发展，以参赛者、工作人员、志愿者和观众为代表的人群大量聚集，促进城市经济快速发展。城市举办一场马拉松赛事涉及许多要素，政府作为体育赛事的主要组织者和利益相关者，在整个赛事举办过程中都投入了大量的人力、物力和财力。城市对体育赛事的大量投资不仅会促进赛事本身的建设和发展，更会促进城市人力资源、知识资源和教育资源等生产要素的加速发展，为城市经济发展注入活力。而在举办马拉松赛事的过程中，体育赛事相关旅游者的到来，扩大了对城市"吃住行游购娱"各方面的需求，从而促进城市旅游消费的增加。除此之外，作为综合型产业的体育赛事对劳动力有大量需求。因此，马拉松赛事的举办可以为城市劳动力市场带来众多的就业岗位，促进人才生产资本的加速流动，成为吸收社会就业的重要渠道（徐盛华，2013）。另外，值得强调的是，体育产业作为综合型产业，具有极强的关联带动作用，对带动城市相关产业发展具有重要作用，进而促进城市产业结构优化升级。首先，体育赛事作为中间产品的形式，与媒体产业、娱乐业、出版业等行业产生关联；其次，体育赛事还与为体育赛事提供所需品的产业，如建筑业、制造业、经纪业、保险业、教育服务业、农副业等关联发展；再次，旅游业、住宿酒店业、交通运输业等行业也得益于马拉松赛事的举办。

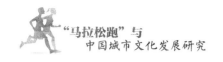
（2）城市环境。

马拉松赛事对城市环境的影响主要体现在通过在城市偏远地区或经济开发区修建赛道及配套设施，改变城市原有空间形态，促进城市环境更新，打造城市形象，提高城市综合发展实力（姜付高，2016）。体育赛事的举办对城市的基础设施、场馆建设、城市交通、自然环境等方面都提出了明确要求（谢洪伟，2013）。一场马拉松赛事的顺利举办需要城市在场馆设施、赛道规划、信息通信、交通环境等方面予以配套保障。马拉松跑者访谈中有这些表述："马拉松虽然相对其他体育赛事来说门槛更低，参与范围更广，但是对于城市交通设施这些的要求也有特定的标准。""后工业时代嘛，能办马拉松的城市一般发展水平都相对较高，体育赛事也是城市对自身规划和系统进行升级的好机会。""（我们）去跑一场马拉松，有时候就相当于是去那个城市旅游，会感觉到城市在交通这些方面是有特别规范过的。""比如，之前跑的无锡马拉松，整个赛道景色都特别美，城区赛道部分也是整整齐齐、干干净净，感受很好。""除了传统的一些设施设备，到现在你去跑马拉松也好，参加别的体育赛事也好，创新技术水平也变得很重要，比如，赛道上的通讯设备。"

马拉松赛事不仅是政府促进城市经济发展的客观工具，更是社会环境建构的产物（许春蕾，2020）。因此，举办马拉松赛事不仅可以提升城市的影响力和知名度，打造城市名片，还可以通过完善城市服务支撑系统，促进城市升级换代，推动城市空间基础设施建设的改善，带动城市自我更新，提升城市活力。马拉松赛事是举办地城市向外界大众展现城市形象风采的重要机会，为保证马拉松赛事的顺利进行，提升城市在大众心中的好感度和认可度，举办地城市往往需要在赛前对城市环境进行兼具针对性和整体性的改造升级，如扩大城市人均道路面积、增设公共交通营运线路、优化城市排水功能和绿化建设、提升信息通信水平等。这些因马拉松赛事举办而产生的一系列举动，加快推进了城市绿化、休闲设施建设、通信水平的进步，促进城市发展进一步提档升级。与此同时，一场成功的马拉松赛事也是城市魅力的立体展台，通过这扇窗口，城市能将自身良好的环境保障、浓厚的体育氛围一一展现，加速城市文明环境塑造，展示更加健康向上的城市新形象。

（3）城市文化。

作为一项复合性很强的产业，马拉松赛事具有将城市特色景点、地方文化与体育活动相融合的天然优势，人们总会将体育赛事与举办地城市的特色文化联系起来。如提到北京国际马拉松，人们往往会想到天安门广场和故宫，提到西安马拉松，人们会想到兵马俑和古城墙。马拉松在某种程度上已然成为举办地城市的文化标识和象征符号，成为城市文化展示的平台和宣传城市形象的载体。在对马拉松跑者的访谈中有关于此的表述："马拉松虽然对于城市发展的过程来说是瞬间的、短期的，但是它的影响是长期的，也是更深层的。""比如，就个人印象来说，我打个比方，哪个城市举办了比较大型的马拉松赛事，甚至说评价比较好，网上也有正面评价，那我就会觉得这个城市发展水平更高些，对我的吸引力也会更大点。""马拉松赛事里面会承载符合这个城市发展的宗旨和社会的价值还有理想，你是能感受得到的。""比如，你跑在赛道上，很累了，这时候路过的市民给你杯水，说句加油，甚至只是给你一个鼓励的微笑，就会让你的参赛体验上好几个台阶，这是氛围决定的。""我在这个城市参赛，志愿服务、市民支持度、配套设施服务等这些给我的感受不错，那我当然会很愿意再次去那个城市旅游一次，即使它那里没有马拉松赛事。"

在马拉松赛事举办的整个过程中，城市居民所展现的生活态度和精神风貌、城市体现的公共秩序和体育氛围也会得到比较全面的展示，加上媒体网络的关注与传播，体育赛事可以成为城市发出自身声音的话筒和展示良好形象的展台，城市品牌文化得以扩散，产生长期深远的影响（李欣，2021）。此外，因马拉松赛事而聚集起来的参赛者、工作人员、游客，通过参赛过程中感受到的城市文化氛围形成对城市的主观评价和印象，在赛事结束后，另外，在周围群体之间进行传播和分享，进而对城市形象形成长期的影响。另外，马拉松赛事本身所蕴含的积极参与、坚持不懈、突破自我、热爱运动的精神在赛事进行的过程中得以传递，促进全民健身运动的开展和城市积极的精神风貌的形成。马拉松赛事配套活动的设置，也能借助赛事影响力展现城市的发展理念和体育精神，促进城市多层次健康发展。

3.4.2.2　目的地城市发展对马拉松赛事形象的作用机理

（1）参赛需求。

经济发展水平是社会活动开展的基础和关键前提，体育赛事的产生和顺利举办需要一定的社会经济条件。根据 Driver and Brown（1978）的"游憩需求等级"理论，马拉松赛事参与者的需求分为参与期望活动、实现期望体验和活动、实现超越满意体验外的其他效益三个层次，这也对应了赛事参与者和利益相关方对赛事举办的需求。体育赛事活动是一种自我发展层次的需求，当人们的经济生活条件达到一定水平之后，对体育赛事的消费需求顺势而生。经济社会快速发展的背景下人们可支配收入逐渐增加，休闲旅游和度假越来越多地蕴含了体育因素，城市的发展规划也越来越普遍地将体育赛事活动纳入其中，在

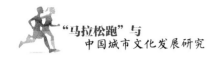
明确自身地理位置、文化底蕴、自然资源的基础上，将体育赛事与产业发展、城市升级相结合，不断完善城市赛事举办基础和配套的设施环境，加强城市赛事品牌营销，着力打造健康积极的城市形象，以吸引更多游客的到来。根据访谈文本，马拉松跑者对此有以下这些表述："马拉松最吸引我的一点还是在于挑战自己。""跑马拉松的感受，是互联网不能带给你的，它是给你真实的、需要亲身去体验和感受的东西。""当你的年纪和知识技能达到一定阶段的时候，会产生一种精神方面的需求，需要找到新的宣泄出口，逃离日常重复的现实生活。""当时也就在家门口，同事跑过几次，听说设施都很完善，安全性也有保障，就参加了。""坚持跑下来一开始是想着有益身心，后来觉得这和旅游性质类似但是比单纯的旅游更有意义，就自然而然地一直坚持下来了。"

　　体育赛事的需求程度主要取决于赛事参与者参赛决策的执行。参赛跑者做出参赛决策一般基于对自身过往经验、知识技能、时间资金的认知，还会受到赛事宣传、城市营销等外部因素的影响。经济因素是城市选择体育赛事的核心和原动力，也是城市选择体育赛事的必要条件。除此之外，经济因素也是人们产生观光旅游和包括体育赛事在内的休闲需求的基础。城市自身的旅游吸引力、设备完善度、能提供的服务和安全保障及便利程度是马拉松参赛者做出参赛决策的重要原因。与此同时，城市发展水平和发展潜力也是体育赛事赞助商评估投资价值和投资风险的潜在因素，间接影响马拉松跑者的参赛需求。另外，城市人口容量的大小也直接决定着马拉松体育赛事所能容纳的参赛者数量和对所带来影响的消化能力。

　　（2）赛事质量。

　　一场马拉松赛事的成功举办需要城市各个部门协作联动共同完成，赛事质量的保证更是需要场馆建筑、食宿交通、道路建设等各行业的支持与合作，需要城市在原有的基础上完善基础设施建设，运用先进技术满足赛事需求、设计赛事产品，保证赛事产业生产效率和赛事举办效果。对此，访谈文本中马拉松跑者有如下表述："当时跑步最大的一个感受就是主办方城市真的为这次马拉松赛事提供了一个很舒适的空间，不论是赛道自然环境还是城区部分的城市氛围，还有一路沿途的服务，都让跑步的人很舒心。""赛事的安全保障其实是最重要的，主办方城市怎么合理规划赛道，怎么安排补给点和志愿服务都很关键。""我最惊喜的是那场马拉松对高新技术的应用，比如，智能终端监测设备，能实时确定每个参赛者的身体状态，当时拿到这个手表一样的设备，心里感觉安全了很多。""赛事是以城市为载体的，赛事质量一定程度上体现的就是这个城市的水平吧。"

　　城市马拉松赛事不可能脱离城市实际的需求而独立营运，城市依据城市发展规划和发展战略选择契合的体育赛事，以积极的态度进行资源投入，注入资金以保证赛事的顺利进行。城市的产业结构和信息技术发展水平也是马拉松赛事质量的重要依托。体育赛事的举办要求城市有较为发达的服务业基础（谢洪伟，2013），第三产业发展较好的城市能够为体育赛事提供稳定的支撑，形成良好的集聚效应，当然也反过来促进城市产业结构的进一步优化升级。与此同时，在信息化高度发达的现代社会，体育赛事需要先进的科技水平作为赛事公平性和安全性的保障，这都得益于城市或地区科技发展水平和科技成果转化率水平。创新科技在体育赛事中的应用，还利于进一步加强体育赛事的可进入性和参与度，提升赛事产品和服务质量，促进赛事资源的合理开发，提升赛事发展层次。

　　（3）赛事产业。

　　马拉松赛事的成功举办得益于举办地城市的多方面支持，包括财政资金投入、政策支持、行业联动等。从长远来看，目的地城市除了为体育赛事提供举办周期内短期的各项支持之外，还为当地体育赛事产业的发展提供了一个良好的社会环境。原始文本中有以下这些表述："好的城市遗产，可以这么说吧。主办方城市举办了一场成功的马拉松，结果肯定是双赢的，赛事本身也会积累好的口碑吧。""每一场马拉松其实都是城市体育产业中的一环，整个体育产业生态好了，赛事才能传承着办下去。""很难准确说某个城市的马拉松形成了特定的可以量化的利益，这个肯定更偏向产业健康发展方面。""城市文化和马拉松赛事结合，依托城市的发展环境还有文化积淀这些，马拉松本身的内涵会更丰富吧，属于是良性互动。"

　　马拉松赛事举办首先需要城市相关配套产业的支持，从而产生对体育赛事的需求，促进体育赛事产业的发展。其次，政府政策如税收优惠、审批减免、创新扶持等，为体育赛事产业发展和形成具有良好口碑的赛事品牌创造稳定和谐的成长环境。再次，体育赛事通过赞助营销、产品销售等形式对赛事形象进行宣传，有利于提升城市赛事产业知名度。体育赛事的成功举办能够树立城市对体育赛事产业发展潜力和未来前景的信心，为赛事提供更多的资源和政策支持，有助于赛事产业快速发展和整体发展层次的提高，形成城市体育赛事产业发展的区位优势，树立领先地位。

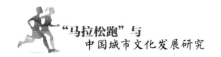
3.5 本章小结

在我国大力推进全民健身、发展体育产业的时代大背景下，城市马拉松也进入高速发展阶段。作为全民参与、兼具趣味性和吸引力的综合型体育赛事，马拉松赛事的健康有序发展和目的城市之间的发展是相辅相成的。本章采用质性研究路径进行数据收集，运用扎根理论的研究方法，通过对 8 位马拉松赛事参与者的访谈原始资料进行逐级编码，对访谈资料进行概念化和范畴化分析，提炼出 73 个初始概念及 8 个主范畴（参赛者特质、主体认知、参赛体验、赛事质量、经济环境、设施环境、社会环境、人文环境），以此提取出“马拉松赛事形象与目的地形象的耦合关系”作为核心范畴，并构建城市马拉松赛事和举办地城市的耦合发展模型，得到如下结论：马拉松赛事和举办地城市之间具有相互影响、相互制约的耦合发展关系，通过对马拉松跑者的访谈研究，发现参赛者特质、主体认知、参赛者体验、赛事质量直接影响体育赛事形象，城市的经济环境、设施环境、社会环境、人文环境共同构成目的地城市形象。目的地城市的持续发展、政策的重视和扶持、良好的自然环境和人文环境是马拉松赛事顺利举办的基础和产业化发展的有力保障，直接影响赛事质量和参赛者主观感受。与此同时，体育赛事对城市发展的影响主要体现在促进城市建设、增加经济收入、提升就业率等方面。需要注意的是，本章只是从理论上分析了马拉松赛事与目的地城市之间的耦合发展关系，并尝试性地构建了赛事形象与目的地城市形象相互影响的耦合模型，其已知操作的有效性还需要进一步的实证研究。因此在后续的研究中，本研究将拓展此方面的实证研究，进一步验证研究结论，夯实理论基础。

4 赛事参与者行为实证研究

上一章我们基于扎根理论，通过质性研究的方法归纳出了马拉松赛事的几个主要范畴。为了弥补质性研究的局限性，接下来的三个章节将基于结构方程模型的方法，围绕赛事形象、目的地形象、参与动机和参赛者行为四个因素，分别对三个模型进行定量研究，以验证这几个因素之间的相关关系。

结构方程模型（Structural Equation Modeling，SEM）是一种基于因子内部结构而建立、估计和检验因果关系模型的多元统计分析技术，被广泛运用于社会科学的数据分析。结构方程模型的变量包括结构变量（又称潜变量）和显变量（又称测量变量），其中，潜变量不能直接测量得到，只能通过观测变量的测量和计算得到。结构方程模型中的变量关系分为内部关系和外部关系，即潜变量之间的关系和潜变量与测量变量之间的关系，与其对应的分别是基于验证性因子分析的测量模型和基于路径分析的结构模型。一般结构方程模型可以用以下 3 个基本的矩阵方程表达：

$$\eta = \mathbf{B}\eta + \mathbf{\Gamma}\xi + \zeta$$
$$y = \Lambda_y \eta + \varepsilon$$
$$x = \Lambda_x \xi + \delta$$

公式中的第一个方程为结构方程，反映的是潜变量之间的效应关系。$\eta = (\eta_1, \eta_2, \cdots, \eta_m)$ 代表相应的内生潜变量（内源潜变量），$\xi = (\xi_1, \xi_2, \cdots, \xi_m)$ 代表相应的外生潜变量（外源潜变量）。内生潜变量和外生潜变量由包含系数矩阵 $\mathbf{B}$、$\mathbf{\Gamma}$ 及误差向量 ξ 的线性方程连接。其中，$\mathbf{B}$ 代表某些内生潜变量对其他内生潜变量的效应；$\mathbf{\Gamma}$ 代表外生潜变量对内生潜变量的效应；ξ 是回归残差，表示模型内不能解释的部分。假定 $E(\xi) = 0$，ξ 与潜变量 η、ξ 不相关。公式中的第二、第三个方程为根据测量变量（标识变量/测量指标）定义潜变量的测量模型。其中，第二个方程是内生测量变量 y 与内生潜变量 η 之间的关系，第三个方程是外生测量变量 x 与外生潜变量 ξ 之间的关系。内生测量变量 y 和外生测量变量 x 分别通过因子载荷 Λ_y 和 Λ_x 与对应的内生潜变量 η 和外生潜变

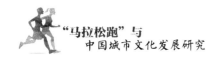

量 ξ 相关。ε 和 δ 分别是外生测量变量 x 与外生潜变量 ξ 相关联的测量误差，表示不能由潜变量解释的部分。假定 $E(\varepsilon)=0$ 和 $E(\delta)=0$，测量误差 ε 和 δ 与潜变量 η、ξ 不相关，但是测量误差之间或潜变量之间（即 ε 之间或 δ 之间）可能相关。

结构方程模型对解决数据分析中观测变量误差的影响提供了一个实用、有效的方法，它可以同时评估测量的质量并检测潜变量之间的因果关系。运用结构方程不但能构建非测量性潜变量，还可以估计不受测量误差影响的潜变量之间的关系。此外，结构方程还具有同时对多个因变量进行建模的能力，检验模型的整体拟合度，可以检验直接效应、间接效应和总效应，检验复杂和特定假设等多个优点。

4.1 研究假设与模型

本研究的理论基础包括形象转移模型与品牌联合理论。形象转移模型是由 Gwinner（1997）在 McCracken（1989）的意义转移模型上建立起来的，这一模型也可以用来解释赛事形象到目的地形象的转移。Gwinner（1997）将这一模型运用到事件赞助领域，本研究将进一步将其运用到赛事与目的地营销领域。Brown，Chalip，Jago and Mules（2004）提出了目的地品牌与一个或多个事件的结合是一种合作品牌行为。Chalip and Costa（2005）指出当一项赛事有完整的、独有的形象，那么赛事的名称、标识、口号就能激活与赛事相关的、具体的品牌联想网络。此时，将赛事品牌和目的地品牌配对，就可以期望赛事品牌的元素转移到目的地品牌上来，反过来也一样。此时他们明确提出"这就是一种品牌联合方式"。

Gwinner（1997）将 McCracken（1989）的意义转移模型运用到事件赞助中来，并且提出了一个新的模型——事件赞助中形象形成与转移模型，本研究将这一模型引入赛事与目的地营销中，通过举办体育赛事，也可将赛事的形象转移到目的地形象上来。本研究认为在形象转移的作用下，赛事形象会对目的地形象产生影响。再结合匹配假说的相关理论，可认为赛事形象是在两者共有的品牌联想上，对目的地形象产生影响。

Kaplanidou（2009）检验了赛事形象（2004 年雅典奥运会）的认知维度、过往经历和观众来源地对目的地形象（雅典）的认知维度的影响。赛事形象的认知维度包括基础设施和组织、服务与环境，目的地形象的认知维度包括旅游景点和基础设施。

理性行为理论（Theory of Reasoned Action，TRA）是由美国学者 Fishbein and Ajzen 于 1975 年提出。该理论假定人是理性的，在这一前提下，个人的行为在某种程度上可以由行为意向合理地推断，而个体的行为意向又是由对行为的态度和主观准则决定的。这项理论被广泛地运用于心理学和营销学中，用来解释未来行为意愿。

基于以上理论，我们提出了三个研究假设：

假设 1（H1）：赛事形象（EI）对目的地形象（DI）有显著影响。

假设 2（H2）：目的地形象（DI）对参赛者行为（PB）有显著影响。

假设 3（H3）：赛事形象（EI）对参赛者行为（PB）有显著影响。

基于以上假设，我们构建了本章的研究模型，如图 4−1 所示。

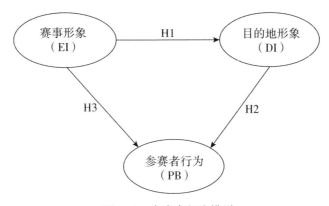

图 4−1　参赛者行为模型

4.2　问卷设计与数据收集

本章数据分析所使用的调查问卷依据"认知—情感—整体"模型来进行设计，共分为两个部分，其中第一部分为个人基本情况，第二部分为对马拉松赛事和目的地城市等因素的评价。问卷设置采用了李克特七分量表，设置了完全不同意、不同意、比较不同意、不确定、比较同意、同意、完全同意七个量级进行评价，并将结果赋予 1~7 的分值进行量化。

从国内外学者的相关研究结果可以得出，受调查者的社会人口统计变量（年收入、年龄、学历等）会影响调查结果（杨俊，李其涛，2018）。本研究以

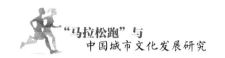

2018 年成都国际马拉松的参与者为研究对象，我们获得了几位跑圈内人士和俱乐部负责人的帮助，在其跑圈和俱乐部的 QQ 群、微信群、朋友圈发放了网络问卷，问卷覆盖人群广、参与者多，且覆盖了多地区、多年龄层、多文化层次及收入水平的参与人群。由于是在跑圈范围内收集问卷，问卷参与者皆为参与过 2018 年成都国际马拉松的跑者，采集数据真实可靠。最终总共接收问卷323 份，其中有效问卷数为 312 份，有效率 96.6%。无效问卷的确定标准为：问卷填写不完整，即没有答完全部项目；一个项目有两个或两个以上答案者；答题过于随意者，即全部或部分问卷中只选择同一个选项。

在有效的问卷中，男性为 63.8%，女性为 36.2%，受调查者年龄以35～44岁群体最高，为 31.7%。学历以大专和本科居多，为 33.7%。跑龄多为半年以下，占比为 53.5%。职业以企业职员居多，为 69.2%。月收入多为5000～10000 元，占比 33.7%。居住城市以成都为主，为 63.5%。样本结构特征见表 4-1。

表 4-1　样本结构特征

变量	属性	频数	百分比（%）
性别	男	199	63.8
	女	113	36.2
年龄	18～24 岁	35	11.2
	25～29 岁	41	13.1
	30～34 岁	83	26.6
	35～44 岁	99	31.7
	45～54 岁	45	14.4
	55 岁以上	9	2.9
最高学历	初中及以下	23	7.4
	高中	67	21.5
	中等技术学校、职业学校	93	29.8
	大专或本科	105	33.7
	硕士及以上	24	7.7

变量	属性	频数	百分比（%）
跑龄	半年以下	167	53.5
	半年至1年	105	33.7
	1至2年	26	8.3
	2年以上	14	4.5
职业	企业职员	216	69.2
	政府官员	32	10.3
	自由职业	24	7.7
	军人	2	0.6
	学生	31	9.9
	退休	7	2.2
月收入水平	5000元以下	83	26.6
	5000~10000元	105	33.7
	10000~20000元	68	21.8
	20000元以上	56	17.9
居住城市	北京	61	19.6
	上海	27	8.7
	成都	198	63.5
	广州	23	7.4
	其他	3	1.0

4.3 描述性统计分析

在描述性统计分析方面，运用了 SPSS 软件对赛事形象、目的地形象和参赛者行为各指标的平均值、标准差、方差、峰度、偏度、变异系数等项目进行了计算分析。其中，标准差是对数据距离均值的离散程度的估计，反映了有效样本数据的波动情况；方差是标准差的平方值；峰度和偏度反映了数据的离散水平；变异系数是标准差除以平均值的结果，反映了数据沿着平均值波动的幅度比例。赛事形象、目的地形象和参赛者行为各指标的描述性统计分析结果分

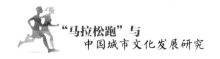

别见表 4-2～表 4-4。

表 4-2　赛事形象的描述性统计

题项	平均值	标准差	方差	偏度	峰度	变异系数
促进了交流，增进了情谊	5.44	1.31	1.72	−0.30	−0.98	1.72
安保设施完善	5.34	1.23	1.53	−0.21	−0.81	1.53
餐饮服务质量高	4.89	1.27	1.61	0.06	−0.49	1.61
赛道卫生整洁	5.43	1.21	1.46	−0.18	−1.05	1.46
活动安排合理	5.41	1.26	1.58	−0.40	−0.37	1.58

　　通过对赛事形象的描述性统计可知，"促进了交流，增进了情谊"题项得到了最高的评分，为 5.44，说明赛事参与者非常重视活动的社交属性；"餐饮服务质量高"题项得分最低，为 4.89，说明赛事参与者普遍认为赛事的餐饮质量有待改善。显而易见，马拉松赛事对于赛事参与者精神层面的满足度较高，而在餐饮等物质层面还稍显不足。

表 4-3　目的地形象的描述性统计

题项	平均值	标准差	方差	偏度	峰度	变异系数
地区温度与湿度适宜	5.66	1.30	1.69	−0.61	−0.33	1.69
当地餐饮质量高	5.40	1.28	1.64	−0.22	−0.94	1.64
有著名的旅游景点	5.58	1.32	1.73	−0.44	−0.74	1.73
空气质量与噪音管控良好	5.33	1.31	1.73	−0.35	−0.79	1.73
当地生活质量高	5.37	1.35	1.82	−0.39	−0.95	1.82

　　通过对目的地形象的描述性统计可知，"地区温度与湿度适宜"和"有著名的旅游景点"两项得分最高，分别为 5.66 和 5.58，说明赛事参与者比较重视目的地的气候条件。此外，他们来到目的地城市的原因还有休闲观光。而"空气质量与噪音管控良好"一项得分较低，为 5.33，说明目的地城市在城市管理服务方面依然差强人意。

表 4-4　参赛者行为的描述性统计

题项	平均值	标准差	方差	偏度	峰度	变异系数
愿意再次造访这个城市	5.43	1.18	1.39	−0.17	−1.06	1.39
愿意再次参加这个活动	5.40	1.27	1.62	−0.30	−0.96	1.62

题项	平均值	标准差	方差	偏度	峰度	变异系数
愿意向他人推荐这个活动	5.63	1.14	1.30	−0.62	−0.21	1.30

通过对参与者行为的描述性统计可知，"愿意再次造访这个城市"和"愿意再次参加这个活动"及"愿意向他人推荐这个活动"三项得分均较高，说明赛事参与者对赛事活动的整体印象较为满意，赛事举办整体较为成功。

4.4　信度与效度分析

结构方程模型包括测量模型和结构模型两部分，Anderson and Gerbing[①]建议在评估结构模型的拟合优度之前应首先检验测量模型的有效性，即进行测量模型的信度和效度检验。

使用 SPSS 对数据的信度与效度进行检验。检查变量分布的非正态性模式，并去除异常值。为了检验数据的有效性，采用了 KMO（Kaiser−Meyer−Olkin）检验和 Bartlett 球形检验，发现 KMO 系数为 0.844，大于 0.6，Bartlett 球形检验显著，表明数据适合进行因子分析，见表 4−5。

表 4−5　KMO 和 Bartlett 球形检验

KMO 值		0.844
Bartlett 球形检验	近似卡方	1651.278
	df	78
	p 值	0.000

采用 Cronbach's α 系数对数据进行信度检验，结果见表 4−6。各因子的信度均在 0.8 以上，表明测量项目具有良好的内部一致性。此外，综合可靠性（CR）值均高于 0.8，高于建议水平。分析平均方差提取值（AVE）以评估收敛有效性。所有因素的 AVE 值均高于建议值 0.5，表明了良好的收敛有效性（Fornell，Larcker，1981）。

---

① Anderson J C. Gerbing D W. Structural equation modeling in Practice：A review and recommended two-step approach [J]. Psychological bulletin，1988，103（3）：411.

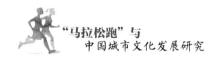
表 4-6　Cronbach's α 可靠性分析

变量	题项	标准化载荷	Cronbach's α 系数	CR	AVE
EI	促进了交流，增进了情谊	0.652	0.805	0.855	0.542
	安保设施完善	0.771			
	餐饮服务质量高	0.741			
	赛道卫生整洁	0.772			
	活动安排合理	0.737			
DI	地区温度与湿度适宜	0.754	0.855	0.881	0.599
	当地餐饮质量高	0.807			
	有著名的旅游景点	0.840			
	空气质量与噪音管控良好	0.735			
	当地生活质量高	0.726			
PB	愿意再次造访这个城市	0.872	0.817	0.854	0.662
	愿意再次参加这个活动	0.816			
	愿意向他人推荐这个活动	0.749			

4.5　验证性因子分析

借由 AMOS 进行结构方程模型进一步的验证性因子分析，发现 $p <$ 0.001，$\chi^2/df = 2.428$，CFI $= 0.945$，GFI $= 0.934$，AGFI $= 0.903$，RMSEA $= 0.068$，见表 4-7。也就是说，模型与数据拥有非常好的匹配程度，且赛事形象、目的地形象、参赛者行为三个因子的聚合、区分效度均在建议水平上。

表 4-7　CFA 验证性因子分析

拟合指标	推荐值	拟合值
χ^2/df	1~3	2.428
CFI	> 0.9	0.945
GFI	> 0.9	0.934
AGFI	> 0.8	0.903

拟合指标	推荐值	拟合值
RMSEA	< 0.08	0.068

4.6 验证研究假设

模型的检验与结果评价是 SEM 评价的重要阶段，上节对模型的总体拟合情况做了一个全面的分析，下面将对模型的路径进行分析，从而检验变量的假设关系。

在结构方程建模中，临界比例（Critical Ratio，CR），一般叫作临界比值，是判定回归系数显著与否的标准，如果临界比值的绝对值不小于 1.96，则认为在显著性水平 0.05 下差异显著。利用 AMOS 软件路径分析得到结构模型路径系数见表 4-8，路径系数代表的是变量间的作用强度。

表 4-8　SEM 路径系数和假设检验

路径	标准化路径系数（β）	CR 值	p 值	验证假设
EI→DI	0.383	5.512	0.000	支持 H1
DI→PB	0.408	5.610	0.000	支持 H2
EI→PB	0.233	3.310	0.000	支持 H3

路径系数检验表明，赛事形象与目的地形象之间存在显著的正相关关系（$\beta=0.383$，$p<0.001$），因此支持 H1。目的地形象与参赛者行为之间有显著的正相关关系（$\beta=0.408$，$p<0.001$），因此支持 H2。赛事形象与参赛者行为之间存在显著的正相关关系（$\beta=0.233$，$p<0.001$），因此支持 H3。

4.7 中介效应检验

中介效应是统计学和经济学的一项重要议题，其意义为自变量通过某一变量对因变量造成影响。若自变量只能借由中介变量对因变量产生影响，称之为完全中介；若除了借由中介变量对因变量造成影响，自变量本身也能直接对因变量产生影响，称之为部分中介。本研究构建了目的地形象作为中介变量影响

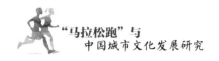

参赛者行为的理论模型。

中介效应检验的方法目前有四种：逐步回归法、系数乘积检验法、差异系数检验法和自举检验法。其中，逐步回归法统计结果最弱，已逐渐被研究者弃用。系数乘积检验法多使用 Sobel 检定，但此种方法的假设前提要求抽样分布为正态分布，本章样本量有限，对于中介变量的路径效应 a 和 b，$a \times b$ 的抽样分布可能存在偏态，故不采用。系数乘积检验法和差异系数法的检验条件和效力类似，区别在于两者的标准误不同。Preacher and Hayes（2008）建议使用自举检验法进行中介效应的检验，运算过程中至少抽取 1000 次以上，最好5000 次。本书利用 AMOS 软件，使用自举检验法，在原始数据（$N=312$）中，随机抽样 5000 次，且预置误差修正置信区间为 95％。检验结果见表 4 —9。

表 4—9　中介效应检验

路径	t 值	标准误	95％置信区间下界	95％置信区间上界
直接效应				
EI→DI	0.383	0.068	0.245	0.516
DI→PB	0.408	0.088	0.228	0.576
EI→PB	0.233	0.077	0.079	0.381
间接效应				
EI→DI→PB	0.156	0.045	0.081	0.263
总效应				
EI→DI	0.383	0.068	0.245	0.516
DI→PB	0.408	0.088	0.228	0.576
EI→PB	0.389	0.069	0.249	0.521

在 EI→DI→PB 这一路径中，目的地形象的中介效应为 0.156，95％的置信区间为 [0.081，0.263]，不包括 0，说明目的地形象具有显著中介作用；赛事形象对参赛者行为的直接效应为 0.233，95％ 的置信区间为 [0.079，0.381]，不包括 0，说明目的地形象在赛事形象对参赛者行为路径中起到部分中介作用。

4.8 研究结论

综合前部分各分析的结果，在此给出研究结论。我们可以发现，赛事形象中的"安保设施完善""赛道卫生整洁""活动安排合理"及目的地形象中的"餐饮服务质量高""有著名的旅游景点"等项目对赛事形象与目的地形象的评价有着极大的影响。此外，本章验证了赛事形象对目的地形象、目的地形象对参赛者行为及赛事形象对参赛者行为的显著正相关关系，发现并验证了目的地形象的中介效应。

在餐饮、酒店和旅游资源方面，赛事主办方应该要综合考察地方的旅游资源丰富与否、配套设施是否完善、赛事活动是否能和地方人文特色紧密结合等，而非一味地为了举办而举办，从而造成国内马拉松赛事整体质量的降低，进一步影响人们对城市形象的认知，一定程度上也影响了赛事举办城市的发展潜力。

本部分利用结构方程模型方法研究了赛事形象、目的地形象及参赛者行为间的相关关系，通过调查问卷收集数据，并使用 SPSS 和 AMOS 软件对收集的数据进行统计分析，并对量表的信度和效度进行检验，从而考察量表的可靠性和有效性，进一步地对结构方程模型进行路径分析和假设检验。研究揭示了赛事形象、目的地形象及参赛者行为间的相关关系，这些研究结论将为赛事举办方提供理论指导。

5　赛事参与者动机实证研究

上一章我们围绕赛事参与者行为这一因素，使用结构方程模型的方法对其与赛事形象和目的地形象之间的关系进行了定量研究。本章依然采用结构方程模型的方法，对赛事参与者动机及赛事形象和目的地形象之间的关系进行研究。

5.1　研究假设与模型

本研究的理论基础包括形象转移模型与品牌联合理论。相关内容在第 4 章中已进行过介绍，在此不多赘述。本章在第 4 章验证了赛事形象对目的地形象具有显著影响的基础上，对其反向关系，即目的地形象对赛事形象的关系进行研究。

Fakeye and Crompton（1991）指出目的地形象的形成往往经历原生形象（Organic Image）、诱发形象（Induced Image）和复合形象（Complex Image）3 个阶段。据此，他们检验了潜在游客、首次来访游客和重复来访游客在目的地形象认知上的差异，结果表明，潜在游客与重复来访游客在一些形象因子的感知上存在显著差异。Kaplanidou and Gibson（2012）以一项小型青少年赛事的观众为调研对象，检验了第一次参加、第二次参加和第三次参加的观众在赛事形象和未来行为意愿上的差异性，结果表明，这三种类型的观众在赛事形象和未来行为意愿上均没有显著差异。笔者认为，这可能是因为观众在第一次参赛时就已经感知到赛事的形象，这种感知并不随着观赛频次的增加而变化。

Hinch and Higham（2004）认为目的地形象会对赛事形象产生影响，因为目的地是提供赛事体验的场所。Gibson、Qi and Zhang（2008）调查和研究了美国大学生对北京作为旅游目的地的印象和访问中国及观看 2008 年北京奥运会的意愿，结果表明，目的地形象对访问中国及观看 2008 年北京奥运会的意愿都有显著的影响。这一结论暗示着目的地形象可能会对赛事形象产生影响，从而影响观赛意愿。

关于马拉松赛事不同参与动机的探究，Zeycan（2017）在马拉松赛事参与动机分类研究中提到，马拉松赛事参与动机主要分为内部动机和外部动机。Knechtle（2018）就探究马拉松参与者持续参与动机中提到，马拉松赛事参与意愿是由外部环境促进内部动机激化而来从而形成参与意愿，同时在赛事参与过程中，赛事参与意愿的强烈程度对赛事体验中的自我感知具有非常大的影响。

此外，Kaplanidou and Gibson（2012）的研究结果表明，赛事活动所产生的附加价值也会影响参与者对赛事整体形象的感知，即除赛事本身的特征外，参与赛事所带来的其他价值也会成为参与者对赛事形象感知的重要因素。根据这一结论，我们可以推测参与者选择参加赛事的动机，不仅来源于赛事本身，还可能来源于赛事所产生的附加价值。

基于以上理论和分析，我们提出以下假设：

假设 1（H1）：参与动机（PM）对目的地形象（DI）有显著影响。

假设 2（H2）：目的地形象（DI）对赛事形象（EI）有显著影响。

假设 3（H3）：参与动机（PM）对赛事形象（EI）有显著影响。

基于以上假设，我们构建了本章的研究模型，如图 5-1 所示。

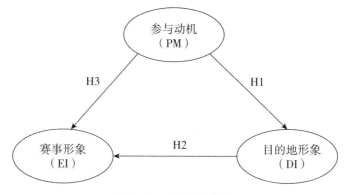

图 5-1　参与动机模型

5.2　问卷设计与数据收集

本章数据分析所使用的调查问卷依据"认知—情感—整体"模型来进行设

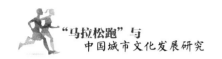

计，共分为两个部分，其中第一部分为个人基本情况，第二部分为对马拉松赛事、目的地印象及参赛动机的感知评价，问卷设置采用了李克特七分量表，设置了完全不同意、不同意、比较不同意、不确定、比较同意、同意、完全同意七个量级进行评价，并将结果赋予 1～7 的分值进行量化。

从国内外学者的相关研究结果可以得出，受调查者的社会人口统计变量（年收入、年龄、学历等）会影响调查结果。本次研究的调查对象为 2018 年成都双遗马拉松赛事的参与者，通过跑圈内人士和俱乐部负责人的帮助，在其跑圈和俱乐部的 QQ 群、微信群、朋友圈发放了网络问卷，问卷参与者皆为参与过 2018 年成都双遗马拉松赛事的跑者，采集数据真实可靠。在数据采集过程中，共接收问卷 380 份，其中有效问卷数为 350 份，有效率为 92.1%。无效问卷的确定标准为：问卷填写不完整，即没有答完全部项目；一个项目有两个或两个以上答案者；答题过于随意者，即全部或部分问卷中只选择同一个选项。

在收集到的总样本中，男性占 67.7%，女性占 32.3%。受访者在 35～44岁年龄段的占比最高，其中 18～24 岁占 12.9%，25～29 岁占 15.4%，30～34岁占 20.9%，35～44 岁占 34.9%，45～54 岁占 13.4%，55 岁及以上占2.6%。受访者学历以大专或本科为主，占 38.9%。受访者职业大多为企业从业人员，占总人数的 66.3%。大多数受访者的月收入在 10000～20000 元之间，其中月收入在 5000 元以下的占 12%，5000～10000 元占 28.9%，10000～20000 元占 32%，20000 元以上占 27.1%。在马拉松跑龄情况上，跑龄半年以下者占 51.1%，跑龄半年至 1 年占 32.9%，跑龄 1 年至 2 年占 10%，跑龄 2年以上占 6%。现居住城市以成都居多，占 60.9%。样本结构特征见表 5-1。

表 5-1　样本结构特征

变量	属性	频数	百分比（%）
性别	男	237	67.7
	女	113	32.3
年龄	18～24 岁	45	12.9
	25～29 岁	54	15.4
	30～34 岁	73	20.9
	35～44 岁	122	34.9
	45～54 岁	47	13.4
	55 岁以上	9	2.6

变量	属性	频数	百分比（%）
最高学历	初中及以下	26	7.4
	高中	67	19.1
	中等技术学校、职业学校	87	24.9
	大专或本科	136	38.9
	硕士及以上	34	9.7
跑龄	半年以下	179	51.1
	半年至1年	115	32.9
	1至2年	35	10.0
	2年以上	21	6.0
职业	企业职员	232	66.3
	政府官员	38	10.9
	自由职业	31	8.9
	军人	2	0.6
	学生	39	11.1
	退休	8	2.3
月收入水平	5000元以下	42	12.0
	5000~10000元	101	28.9
	10000~20000元	112	32.0
	20000元以上	95	27.1
居住城市	北京	53	15.1
	上海	37	10.6
	成都	213	60.9
	广州	41	11.7
	其他	6	1.7

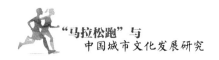
5.3 描述性统计分析

在描述性统计分析方面，运用了 SPSS 软件对赛事形象、目的地形象和参与动机各指标的平均值、标准差、方差、峰度、偏度、变异系数等项目进行了计算分析。其中，标准差是对数据距离均值的离散程度的估计，反映了有效样本数据的波动情况；方差是标准差的平方值；峰度和偏度反映了数据的离散水平；变异系数是标准差除以平均值的结果，反映了数据沿着平均值波动的幅度比例。赛事形象、目的地形象和参与动机各指标的描述性统计分析结果见表 5－2～表 5－4。

表 5－2　赛事形象的描述性统计

题项	平均值	标准差	方差	偏度	峰度	变异系数
促进了交流，增进了情谊	5.43	1.35	1.82	−0.41	−0.67	1.82
安保设施完善	5.27	1.26	1.60	−0.19	−0.76	1.60
餐饮服务质量高	4.84	1.28	1.64	0.04	−0.38	1.64
赛道卫生整洁	5.35	1.26	1.58	−0.23	−0.72	1.58
活动安排合理	5.45	1.29	1.67	−0.46	−0.38	1.67

通过对赛事形象的描述性统计可知，"活动安排合理"题项得到了最高的评分，为 5.45，说明赛事参与者对成都双遗马拉松的整体安排较为满意，赛事主办方对各项活动安排合理；"餐饮服务质量高"题项得分最低，为 4.84，说明赛事参与者普遍认为赛事的餐饮质量差强人意。显而易见，马拉松赛事在餐饮等物质层面的供给质量还稍显不足。

表 5－3　目的地形象的描述性统计

题项	平均值	标准差	方差	偏度	峰度	变异系数
地区温度与湿度适宜	5.72	1.28	1.63	−0.65	−0.28	1.63
当地餐饮质量高	5.45	1.25	1.56	−0.29	−0.74	1.56
有著名的旅游景点	5.66	1.30	1.69	−0.54	−0.59	1.69
空气质量与噪音管控良好	5.42	1.28	1.64	−0.45	−0.65	1.64
当地生活质量高	5.47	1.29	1.65	−0.57	−0.65	1.65

通过对目的地形象的描述性统计可知，"地区温度与湿度适宜"和"有著名的旅游景点"两项得分最高，分别为 5.72 和 5.66，说明赛事参与者对城市自然环境的评价比较高。此外，他们来到目的地城市的原因还有休闲观光。而"空气质量与噪音管控良好"一项得分较低，为 5.42，说明目的地城市在城市管理服务方面还有待提升。

表 5-4　参与动机的描述性统计

题项	平均值	标准差	方差	偏度	峰度	变异系数
寻求刺激与挑战	5.29	1.28	1.65	−0.12	−1.08	1.65
从生理上、精神上得到放松	5.54	1.19	1.42	−0.28	−0.96	1.42
结识拥有相似兴趣的人	5.56	1.31	1.72	−0.44	−0.91	1.72

通过对参与动机的描述性统计可知，"结识拥有相似兴趣的人"和"从生理上、精神上得到放松"两项得分较高，分别为 5.56 和 5.54，说明参与者非常注重休闲放松及精神上的满足。"寻求刺激与挑战"一项得分最低，为 5.29，也体现了参与者来参与马拉松比赛很大程度上是为了休闲放松，而非寻求挑战。

5.4　信度与效度分析

结构方程模型包括测量模型和结构模型两部分，Anderson and Gerbing 建议在评估结构模型的拟合优度之前应首先检验测量模型的有效性，即进行测量模型的信度和效度检验。

效度通常指问卷的有效性和正确性，效度越高表示该问卷的真实性水平越高，有效性也越高。使用因子分析进行研究，需先做因子分析适合性评估，即首先分析研究数据是否适合进行因子分析。一般采用 KMO（Kaiser-Meyer-Olkin）检验和 Bartlett 球形检验。KMO 越大，就越适合做因子分析（Kaiser，1974），如果 KMO 值小于 0.6，则不适合进行因子分析。而对于 Bartlett 球形检验，在做因子分析时，要求 Bartlett 球形检验结果的卡方值必须达到显著水平，即 $p < 0.05$。若 $p > 0.05$，则表明该数据不适合做因子分析。本研究中 KMO 系数为 0.838，大于 0.6，Bartlett 球形检验结果为显著，说明适合做因子分析，见表 5-5。

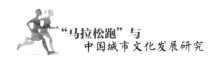

表 5-5　KMO 和 Bartlett 球形检验

KMO 值		0.838
Bartlett 球形检验	近似卡方	1585.52
	df	78
	p 值	0.000

信度是指对同一事物进行重复测量时，所得结果的一致性程度，反映测量工具的稳定性、可靠性和被测特征真实程度的指标，一般多以内部一致性来表示信度的高低。本研究采用 Cronbach's α 系数法进行检验，通过表 5-6 的数据可以看出，所有因子的 Cronbach's α 信度都在 0.7 以上，说明测量的题项具有良好的内部一致性。此外，综合可靠性（CR）值均高于 0.8，高于建议水平；分析平均方差提取值（AVE）以评估收敛有效性，所有因素的 AVE 值均高于建议值 0.5，表明各变量均具有良好的收敛效度（Fornell，Larcker，1981）。

表 5-6　Cronbach's α 可靠性分析

变量	题项	标准化载荷	Cronbach's α 系数	CR	AVE
EI	促进了交流，增进了情谊	0.638	0.807	0.856	0.545
	安保设施完善	0.781			
	餐饮服务质量高	0.747			
	赛道卫生整洁	0.799			
	活动安排合理	0.716			
DI	地区温度与湿度适宜	0.746	0.840	0.878	0.591
	当地餐饮质量高	0.788			
	有著名的旅游景点	0.828			
	空气质量与噪音管控良好	0.731			
	当地生活质量高	0.748			
PM	寻求刺激与挑战	0.796	0.782	0.851	0.656
	从生理上、精神上得到放松	0.827			
	结识拥有相似兴趣的人	0.806			

5.5 验证性因子分析

利用 AMOS 对我们的结构模型进行进一步的验证性因子分析（CFA），实证数据的检验结果显示（见表 5−7），理论模型的拟合效果较好（$\chi^2/df = 1.501$，$p < 0.01$，CFI = 0.98，GFI = 0.962，AGFI = 0.944，RMSEA = 0.038），且赛事形象、目的地形象和参与动机各个因子的聚合、区分效度均在建议水平之上。

表 5−7　CFA 验证性因子分析

拟合指标	推荐值	拟合值
CHI−SQR/DF	1< CHI−SQR/DF < 3	1.501
CFI	> 0.9	0.980
GFI	> 0.9	0.962
AGFI	> 0.8	0.944
RMSEA	< 0.08	0.038

5.6 验证研究假设

模型的检验与结果评价是 SEM 评价的重要阶段，上节对模型的总体拟合情况进行了全面的分析，下面将对模型的路径进行分析，从而检验变量的假设关系。

在结构方程建模中，临界比例（Critical Ratio，CR），一般叫作临界比值，是判定回归系数显著与否的标准，如果临界比值的绝对值不小于 1.96，则认为在显著性水平 0.05 下差异显著。利用 AMOS 软件路径分析得到结构模型路径系数见表 5−8，路径系数代表的是变量间的作用强度。

路径系数检验表明，参与动机与目的地形象之间存在显著的正相关关系（β=0.341，$p<0.001$），因此支持 H1。目的地形象与赛事形象之间有显著的正相关关系（β=0.214，$p<0.001$），因此支持 H2。参与动机与赛事形象之间存在显著的正相关关系（β=0.316，$p<0.001$），因此支持 H3。

表 5-8 SEM 路径系数和假设检验

路径	标准化路径系数（β）	CR 值	p 值	验证假设
PM→DI	0.341	4.975	0.000	支持 H1
DI→EI	0.214	3.117	0.000	支持 H2
PM→EI	0.316	4.220	0.000	支持 H3

5.7 中介效应检验

中介效应是统计学和经济学的一项重要议题，其意义为自变量通过某一变量对因变量造成影响。若自变量只能借由中介变量对因变量产生影响，称之为完全中介；若除了借由中介变量对因变量造成影响，自变量本身也能直接对因变量产生影响，称之为部分中介。本研究构建了目的地形象作为中介变量影响赛事形象的理论模型。

中介效应检验的方法目前有四种：逐步回归法、系数乘积检验法、差异系数检验法和自举检验法。本研究使用 Preacher and Hayes（2008）提出的自举检验法，使用 5000 次重复抽样来测试目的地形象在模型中的中介作用。这种重复抽样方法具有更强大的统计能力和更稳定的测试结果（Malhotra，Singhal，Shang，Polyhart，2014）。如果 95％置信区间不包含 0，则可以认为中介效应的点估计是显著的（Zhao，Lynch，Chen，2010）。本书使用 AMOS软件，利用自举检验法，在原始数据（$N=350$）中，随机抽样 5000 次，且预置误差修正置信区间为 95％。检验结果见表 5-9。

表 5-9 中介效应检验

路径	t 值	标准误	95％置信区间下界	95％置信区间上界
直接效应				
PM→DI	0.341	0.066	0.211	0.469
DI→EI	0.214	0.075	0.061	0.355
PM→EI	0.316	0.067	0.184	0.441
间接效应				

路径	t 值	标准误	95%置信区间下界	95%置信区间上界
PM→DI→EI	0.073	0.029	0.024	0.142
总效应				
PM→DI	0.341	0.066	0.211	0.469
DI→EI	0.214	0.075	0.061	0.355
PM→EI	0.389	0.059	0.271	0.501

在 PM→DI→EI 这一路径中，目的地形象的中介效应为 0.073，95%的置信区间为 [0.024，0.142]，不包括 0，说明目的地形象具有显著中介作用；参与动机对赛事形象的直接效应为 0.316，95% 的置信区间为 [0.184，0.441]，不包括 0，说明目的地形象在参与动机对赛事形象路径中起到部分中介作用。

5.8　研究结论

综合以上研究与分析，在此给出本章的研究结论。本章验证了目的地形象对赛事形象、参与动机对赛事形象及参与动机对目的地形象的显著正相关关系，发现并验证了目的地形象的中介效应。我们可以看出，针对赛事形象和目的地形象，应该注重游客情感、赛事环境、举办地区、旅游资源、旅游设施、旅游服务等认知和情感维度的实际感知及一些细节方面的表现，从而提升参与者对赛事形象和目的地形象的整体感知。同时，针对赛事，还需要注重品牌效应，可以通过提升赛事的服务质量和口碑，塑造良好的品牌形象，从而更好地激发人们的参与动机，吸引更多的人前来参赛。

本部分利用结构方程模型方法研究了赛事形象、目的地形象及参与动机间的相关关系，通过调查问卷收集数据，使用 SPSS 和 AMOS 软件对收集的数据进行统计分析，并对量表的信度和效度进行检验，从而考察量表的可靠性和有效性，进一步地对结构方程模型进行路径分析和假设检验。研究揭示了赛事形象、目的地形象及参与动机间的相关关系，这些研究结论将为赛事举办方提供理论指导。

6 参与者动机与行为实证研究

本章在第 4 章与第 5 章的研究基础上，对赛事形象、目的地形象、参与动机和参赛者行为的综合关系做进一步研究。

6.1 研究假设与模型

Xing and Chalip（2005）认为赛事与目的地的结合是品牌联合的一种方式。利用赛事提升目的地形象的关键就是将赛事的形象转移到目的地上来。同时，关于品牌联合的研究指出联合的两个品牌的契合度会积极地影响受众对品牌联合的评价（Evaluation of Brand Alliance），进而影响联合双方的评价（Lafferty，Goldsmith，Hult，2004）。在这两点的基础之上，Xing and Chalip 通过实验来检验赛事形象是否会转移到目的地形象上来，以及形象的契合是否有助于形象的转移。研究结果显示，目的地只要与赛事配对出现，受试者对目的地活力维度的感知就会增强，但赛事只有与一个休闲的城市配对出现时，赛事的活力维度才会得到提升。他们的这项研究表明，在消费者的感知中，赛事形象与目的地形象会相互转移，产生相互影响。

Kaplanidou and Vogt（2007）在"态度—行为"理论的框架下（Attitude-Behavior Theoretic Framework）检验了赛事形象、目的地形象、过往经历、赛事满意度对未来行为意愿的影响，同时检验了赛事形象与目的地形象之间的相互影响关系，研究结果表明，赛事形象对目的地形象有显著的积极影响。陆晨、黄海燕（2014）在介绍了国外学者相关研究的基础上总结出，赛事形象与城市形象的契合，一方面能够有效提升举办城市的形象，吸引更多的潜在旅游者，另一方面能够通过提高旅游者的满意度从而增加重访的可能性。

结合第 4 章与第 5 章的研究，本章提出以下假设：

假设 1（H1）：赛事形象（EI）对目的地形象（DI）有显著影响。

假设 2（H2）：参与动机（PM）对赛事形象（EI）有显著影响。

假设 3（H3）：参与动机（PM）对目的地形象（DI）有显著影响。

假设 4（H4）：目的地形象（DI）对参赛者行为（PB）有显著影响。

基于以上假设，我们构建了本章的研究模型，如图 6-1 所示。

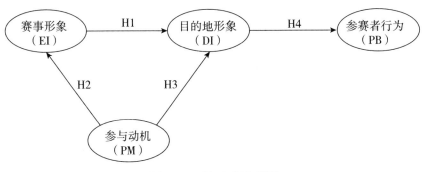

图 6-1　动机与行为模型

6.2　问卷设计与数据收集

本章数据分析所使用的调查问卷依据"认知—情感—整体"模型来进行设计，依据问题类型共分为两个部分，其中第一部分为个人基本情况，第二部分为对马拉松赛事、目的地城市、参赛理由及个人行为意愿的评价。问卷设置采用了李克特七分量表，设置了完全不同意、不同意、比较不同意、不确定、比较同意、同意、完全同意七个量级进行评价，并将结果赋予 1～7 的分值进行量化。

从国内外学者的相关研究结果可以得出，受调查者的社会人口统计变量（年收入、年龄、学历等）会影响调查结果。本次研究的调查对象为 2019 年成都国际马拉松赛事的参与者，通过跑圈内人士和俱乐部负责人的帮助，在其跑圈和俱乐部的 QQ 群、微信群、朋友圈发放了网络问卷，问卷参与者皆为参与过 2019 年成都国际马拉松赛事的跑者，采集数据真实可靠。在数据采集过程中，共接收问卷 427 份，其中有效问卷数为 402 份，有效率为 94.1%。无效问卷的确定标准为：问卷填写不完整，即没有答完全部项目；一个项目有两个或两个以上答案者；答题过于随意者，即全部或部分问卷中只选择同一个选项。

在收集到的总样本中，男性占 65.9%，女性占 34.1%。受访者在 35～44

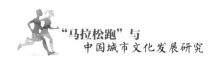
岁年龄段的占比最高，其中 18～24 岁占 15.9％，25～29 岁占 18.7％，30～34 岁占 21.6％，35～44 岁占 30.6％，45～54 岁占 11.9％，55 岁及以上占 1.2％。受访者学历以大专或本科为主，占 36.1％。受访者职业大多为企业从业人员，占总人数的 62.4％。大多数受访者的月收入在 10000 元以下，总占比 63.6％。在马拉松跑龄情况上，跑龄半年以下者占 53％，跑龄半年至 1 年占 30.1％，跑龄 1 年至 2 年占 9.7％，跑龄 2 年以上占 7.2％。现居住城市以成都居多，占 75.9％。样本结构特征见表 6－1。

表 6－1　样本结构特征

变量	属性	频数	百分比（％）
性别	男	265	65.9
	女	137	34.1
年龄	18～24 岁	64	15.9
	25～29 岁	75	18.7
	30～34 岁	87	21.6
	35～44 岁	123	30.6
	45～54 岁	48	11.9
	55 岁以上	5	1.2
最高学历	初中及以下	29	7.2
	高中	75	18.7
	中等技术学校、职业学校	93	23.1
	大专或本科	145	36.1
	硕士及以上	60	14.9
跑龄	半年以下	213	53.0
	半年至 1 年	121	30.1
	1 至 2 年	39	9.7
	2 年以上	29	7.2

续表6—1

变量	属性	频数	百分比（%）
职业	企业职员	251	62.4
	政府官员	39	9.7
	自由职业	45	11.2
	军人	5	1.2
	学生	58	14.4
	退休	4	1.0
月收入水平	5000 元以下	124	30.8
	5000～10000 元	132	32.8
	10000～20000 元	91	22.6
	20000 元以上	55	13.7
居住城市	北京	34	8.5
	上海	21	5.2
	成都	305	75.9
	广州	15	3.7
	其他	47	11.7

6.3 描述性统计分析

在描述性统计分析方面，运用了 SPSS 软件对赛事形象、目的地形象、参与动机和参赛者行为各指标的平均值、标准差、方差、峰度、偏度、变异系数等项目进行了计算分析。其中，标准差是对数据距离均值的离散程度的估计，反映了有效样本数据的波动情况；方差是标准差的平方值；峰度和偏度反映了数据的离散水平；变异系数是标准差除以平均值的结果，反映了数据沿着平均值波动的幅度比例。赛事形象、目的地形象、参与动机和参赛者行为各指标的描述性统计分析结果分别见表 6—2～表 6—5。

表 6-2　赛事形象的描述性统计

	平均值	标准差	方差	偏度	峰度	变异系数
促进了交流，增进了情谊	5.31	1.30	1.69	−0.25	−0.58	1.69
安保设施完善	5.20	1.29	1.65	−0.16	−0.54	1.65
餐饮服务质量高	4.75	1.32	1.74	−0.08	0.07	1.74
赛道卫生整洁	5.24	1.25	1.55	−0.26	−0.19	1.55
活动安排合理	5.31	1.34	1.80	−0.41	−0.23	1.80

通过对赛事形象的描述性统计可知，"促进了交流，增进了情谊"和"活动安排合理"题项得到了最高的评分，为 5.31，说明赛事参与者对赛事活动的整体安排较为满意，赛事主办方有意发挥赛事的社交属性，对各项活动安排合理；"餐饮服务质量高"题项得分最低，为 4.75，说明赛事参与者普遍认为赛事的餐饮质量差强人意。显而易见，马拉松赛事在餐饮等物质层面的供给质量还稍显不足。

表 6-3　目的地形象的描述性统计

	平均值	标准差	方差	偏度	峰度	变异系数
地区温度与湿度适宜	5.49	1.38	1.89	−0.46	−0.56	1.89
当地餐饮质量高	5.19	1.38	1.91	−0.22	−0.62	1.91
有著名的旅游景点	5.45	1.43	2.06	−0.60	−0.28	2.06
空气质量与噪音管控良好	5.19	1.48	2.19	−0.63	−0.05	2.19
当地生活质量高	5.38	1.32	1.75	−0.41	−0.83	1.75

通过对目的地形象的描述性统计可知，"地区温度与湿度适宜"和"有著名的旅游景点"两项得分最高，分别为 5.49 和 5.45，说明赛事参与者对城市自然环境的评价比较高。此外，他们来到目的地城市的原因还有休闲观光。而"空气质量与噪音管控良好"和"当地餐饮质量高"两项得分较低，均为5.19，说明目的地城市的餐饮质量差强人意，在城市管理服务方面还有待提升。

表 6-4　参与动机的描述性统计

	平均值	标准差	方差	偏度	峰度	变异系数
寻求刺激与挑战	5.22	1.30	1.69	−0.02	−1.01	1.69

	平均值	标准差	方差	偏度	峰度	变异系数
从生理上、精神上得到放松	5.43	1.24	1.53	−0.13	−1.01	1.53
结识拥有相似兴趣的人	5.41	1.33	1.77	−0.23	−1.04	1.77

通过对参与动机的描述性统计可知,"从生理上、精神上得到放松"和"结识拥有相似兴趣的人"两项得分较高,分别为5.43和5.41,说明赛事参与者非常注重休闲放松及精神上的满足。"寻求刺激与挑战"题项得分最低,为5.22,体现出赛事参与者来参与马拉松比赛很大程度上是为了休闲放松,而非寻求挑战。

表6-5 参赛者行为的描述性统计

	平均值	标准差	方差	偏度	峰度	变异系数
愿意再次造访这个城市	5.85	1.24	1.54	−0.83	−0.25	1.54
愿意再次参加这个活动	5.73	1.18	1.38	−0.42	−1.07	1.38
愿意向他人推荐这个活动	5.73	1.18	1.40	−0.66	−0.40	1.40

通过对参赛者行为的描述性统计可知,"愿意再次造访这个城市""愿意再次参加这个活动"及"愿意向他人推荐这个活动"三项得分均较高,说明赛事参赛者对赛事活动的整体印象较为满意,赛事举办整体较为成功。

6.4 信度与效度分析

为了确定观测变量指标是否能够真正客观全面、有效地衡量各项潜变量因子,实证研究中还必须通过一系列统计检验,才能判别出最终的衡量效果。评价潜变量因子衡量的可靠性和有效性主要借助信度和效度这两个重要统计指标的分析来进行。

效度通常指问卷的有效性和正确性,效度越高表示该问卷的真实性水平越高,有效性也越高。使用因子分析进行研究,需先做因子分析适合性评估,即首先分析研究数据是否适合进行因子分析。一般采用KMO(Kaiser-Meyer-Olkin)检验和Bartlett球形检验。KMO越大,就越适合做因子分析(Kaiser,1974),如果KMO值小于0.6,则不适合进行因子分析。而对于

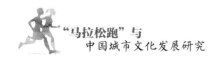

Bartlett 球形检验，在做因子分析时，要求 Bartlett 球形检验结果的卡方值必须达到显著水平，即 $p < 0.05$。若 $p > 0.05$，则表明该数据不适合做因子分析。本研究中 KMO 系数为 0.885，大于 0.6，Bartlett 球形检验结果为显著，说明适合做因子分析，见表 6—6。

表 6—6　KMO 和 Bartlett 球形检验

KMO 值		0.885
Bartlett 球形检验	近似卡方	2953.978
	df	120
	p 值	0.000

信度是指对同一事物进行重复测量时，所得结果的一致性程度，反映测量工具的稳定性、可靠性和被测特征真实程度的指标，一般多以内部一致性来表示信度的高低。本研究采用 Cronbach's α 系数法进行检验。Nunnally（1978）认为，在问卷与量表中，总量表的信度系数 Cronbach's α 在 0.8 以上最好，表明信度很高；假如在 0.70 到 0.80 这个区间，表明信度较好；而分量表如果在 0.7 以上仍表明信度较好，在 0.6 到 0.7 之间能够勉强使用。

通过表 6—7 的数据可以看出，所有因子的 Cronbach's α 信度都在 0.8 以上，说明测量的题项具有良好的内部一致性。此外，综合可靠性（CR）值均高于 0.8，高于建议水平；分析平均方差提取值（AVE）以评估收敛有效性，所有因素的 AVE 值均高于建议值 0.5，表明各变量均具有良好的收敛效度（Fornell，Larcker，1981）。

表 6—7　Cronbach's α 可靠性分析

变量	题项	标准化载荷	Cronbach's α 系数	CR	AVE
EI	促进了交流，增进了情谊	0.723	0.838	0.868	0.569
	安保设施完善	0.797			
	餐饮服务质量高	0.771			
	赛道卫生整洁	0.771			
	活动安排合理	0.707			

变量	题项	标准化载荷	Cronbach's α 系数	CR	AVE
DI	地区温度与湿度适宜	0.690	0.848	0.863	0.559
	当地餐饮质量高	0.782			
	有著名的旅游景点	0.824			
	空气质量与噪音管控良好	0.730			
	当地生活质量高	0.704			
PM	寻求刺激与挑战	0.834	0.817	0.854	0.662
	从生理上、精神上得到放松	0.804			
	结识拥有相似兴趣的人	0.802			
PB	愿意再次造访这个城市	0.856	0.854	0.840	0.639
	愿意再次参加这个活动	0.845			
	愿意向他人推荐这个活动	0.686			

6.5 验证性因子分析

利用 AMOS 对我们的结构模型进行进一步的验证性因子分析（CFA），实证数据的检验结果显示（见表 6-8），理论模型的拟合效果较好（$\chi^2/df = 2.38$，$p < 0.01$，CFI = 0.952，GFI = 0.929，AGFI = 0.903，RMSEA = 0.059）。同时赛事形象、目的地形象、参与动机和参赛者行为各个因子的聚合、区分效度均在建议水平之上。

表 6-8　CFA 验证性因子分析

拟合指标	推荐值	拟合值
χ^2/df	1~3	2.380
CFI	> 0.9	0.952
GFI	> 0.9	0.929
AGFI	> 0.8	0.903
RMSEA	< 0.08	0.059

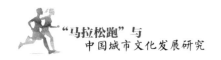

6.6 验证研究假设

模型的检验与结果评价是 SEM 评价的重要阶段，上节对模型的总体拟合情况进行了全面的分析，下面将对模型的路径进行分析，从而检验变量的假设关系。

在结构方程建模中，临界比例（Critical Ratio，CR），一般叫临界比值，是判定回归系数显著与否的标准，如果临界比值的绝对值不小于 1.96，则认为在显著性水平 0.05 下差异显著。利用 AMOS 软件路径分析得到结构模型路径系数见表 6-9，路径系数代表的是变量间的作用强度。

表 6-9　SEM 路径系数和假设检验

路径	标准化路径系数（β）	CR 值	p 值	验证假设
EI→DI	0.306	4.572	0.000	支持 H1
PM→EI	0.476	7.147	0.000	支持 H2
PM→DI	0.302	4.560	0.000	支持 H3
DI→PB	0.664	10.848	0.000	支持 H4

路径系数检验表明，赛事形象与目的地形象之间存在显著的正相关关系（β＝0.306，$p<0.001$），因此支持 H1；参与动机与赛事形象之间有显著的正相关关系（β＝0.476，$p<0.001$），因此支持 H2；参与动机与目的地形象之间存在显著的正相关关系（β＝0.302，$p<0.001$），因此支持 H3；目的地形象与参赛者行为之间存在显著的正相关关系（β＝0.664，$p<0.001$），因此支持 H4。

6.7 中介效应检验

中介效应是统计学和经济学的一项重要议题，其意义为自变量通过某一变量对因变量造成影响。若自变量只能借由中介变量对因变量产生影响，称之为完全中介；若除了借由中介变量对因变量造成影响，自变量本身也能直接对因变量产生影响，称之为部分中介。本章构建了以赛事形象作为中介变量影响目的地形象的理论模型。

中介效应检验的方法目前有四种：逐步回归法、系数乘积检验法、差异系数检验法、自举检验法。Preacher and Hayes（2008）建议使用自举检验法进行中介效应的检验，运算过程中至少抽取 1000 次以上，最好 5000 次。本书利用 AMOS 软件，使用自举检验法，在原始数据（$N=402$）中，随机抽样 5000 次，且预置误差修正置信区间为 95％。检验结果见表 6-10。

表 6-10　中介效应检验

路径	t 值	标准误	95％置信区间下界	95％置信区间上界
直接效应				
EI→DI	0.306	0.070	0.168	0.446
PM→EI	0.476	0.053	0.373	0.576
PM→DI	0.302	0.070	0.164	0.435
间接效应				
PM→EI→DI	0.146	0.038	0.080	0.234
总效应				
EI→DI	0.306	0.070	0.168	0.446
PM→EI	0.476	0.053	0.373	0.576
PM→DI	0.448	0.055	0.335	0.550

在 PM→EI→DI 这一路径中，赛事形象的中介效应为 0.146，95％的置信区间为 [0.080，0.234]，不包括 0，说明赛事形象具有显著中介作用；参与动机对目的地形象的直接效应为 0.302，95％的置信区间为 [0.164，0.435]，不包括 0，说明赛事形象在参与动机对目的地形象路径中起到部分中介作用。

6.8　研究结论

综合以上研究与分析，在此给出本章的研究结论。本章验证了赛事形象对目的地形象、参与动机对赛事形象、参与动机对目的地形象及目的地形象对参赛者行为的显著正相关关系，发现并验证了赛事形象的中介效应。

在举办马拉松赛事的同时，如果有其他丰富的旅游吸引物会大大增加游客

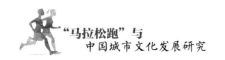
到目的地旅游的意向。对于目的地管理者而言，应该借着赛事吸引参赛者和观众到目的地聚集的机会，宣传其他的旅游吸引物，突出目的地的旅游品牌和特色产品，从而将赛事与旅游结合起来，形成相互协调、相互促进的效应。目的地的品牌发展及赛事的成功举办离不开利益相关者的参与和认同，各利益相关者应在各自身份内涵成功实现的基础上，为赛事的成功举办尽到自己应尽的责任与义务。只有充分关注核心、内在、外在三个条件的实现，才能真正建设好目的地环境。

　　本部分利用结构方程模型方法研究了赛事形象、目的地形象、参与动机及参赛者行为间的相关关系，通过调查问卷收集数据，并使用 SPSS 和 AMOS 软件对收集的数据进行统计分析，并对量表的信度和效度进行检验，从而考察量表的可靠性和有效性，进一步地对结构方程模型进行路径分析和假设检验。本研究揭示了赛事形象、目的地形象、参与动机及参赛者行为间的相关关系，这些研究结论将为赛事举办方提供理论指导。

7　研究结论与建议

在中国经济快速发展的当下，马拉松赛事与城市发展的要求不谋而合，在城市发展的过程中，体育赛事产业对经济和社会发展具有不可小觑的作用。与此同时，马拉松赛事也正成为城市经济发展的一个重要引擎，马拉松赛事的举办对城市的经济发展和城市整体发展结构的提档升级具有重要的作用。在城市快速发展、马拉松赛事不断升温的过程中，理顺体育赛事与城市发展之间的关系，有利于把握城市发展方向，促进体育赛事产业化健康发展。

首先，本书全面、系统地回顾和梳理了国内外关于马拉松赛事和城市文化发展、赛事形象和目的地形象等方面的研究成果。从国内外体育赛事与城市发展的总体研究情况来看，虽然与国外研究相比，国内相关研究起步较晚，但关于这一问题的研究已成为国内外学者和学术界共同关注的焦点问题之一。欧美发达国家由于现代体育赛事开展得较早，体育赛事与城市发展关系的研究历史较为悠久。相较于欧美发达国家，我国城市化发展和体育赛事开展起步较晚，但改革开放以来，随着我国经济的高速发展和人民生活水平的快速提高，体育经济逐渐兴起。越来越多的城市开始参与到体育赛事的举办热潮之中，体育赛事和城市发展关系的研究也顺势兴起，体育赛事能产生广泛而深远的影响几乎成为一种共识，目前已有的大多数研究都是对体育赛事对城市政治、经济、文化、社会的影响等方面的研究讨论，研究焦点也主要集中于马拉松等体育赛事对城市发展影响的介绍，往往缺少原创性的观点。此外，也有研究对体育赛事对城市发展的影响做了总结和分析，但体育赛事与目的地城市之间的相互作用和影响却往往被忽略，也鲜有对二者影响因素的作用机理进行深入的实证研究分析。

基于此，本研究首先运用扎根理论的研究方法，通过质性分析的研究路径，定性地识别、归纳出了马拉松赛事形象和目的地形象是蕴含多个维度的多维变量。通过对 8 位马拉松赛事参与者的访谈原始资料进行逐级编码分析，对访谈资料进行概念化和范畴化，提炼出 73 个初始概念及 8 个主范畴（参赛者

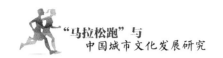

特质、主体认知、参赛体验、赛事质量、经济环境、设施环境、社会环境、人文环境），以此提取出"马拉松赛事形象与目的地形象的耦合关系"作为核心范畴，并构建城市马拉松赛事和举办地城市的耦合发展模型。马拉松赛事和举办地城市之间具有相互影响、相互制约的耦合发展关系，通过对马拉松跑者的访谈研究，发现参赛者特质、主体认知、参赛者体验、赛事质量直接影响体育赛事形象，城市的经济环境、设施环境、社会环境、人文环境共同构成目的地城市形象。目的地城市的持续发展、政策的重视和扶持、良好的自然人文环境是马拉松赛事顺利举办的基础和产业化发展的有力保障，直接影响赛事质量和参赛者主观感受。与此同时，体育赛事对城市发展的影响主要体现在促进城市建设、增加经济收入、提升就业率等方面。城市发展需要统筹兼顾经济、政治、社会、文化、生态、生活等多元需求。城市马拉松赛事为城市经济的发展注入了新的营养和强大的推动力。体育赛事形象是城市文化发展和城市形象建设的重要内容，马拉松赛事的举办和发展，促进了城市政策制度、经济建设、人文环境的良性发展互动，拉动经济发展，促进设施完善，带动相关产业健康发展，提升市民道德素养，有利于城市形象提升和城市文化和谐发展。与此同时，城市形象作为城市发展的物质文明和精神文明成果的象征，是城市体育赛事举办的基础和保障，城市经济水平、设施环境、特色文化、社会环境共同形成和完善了城市马拉松等体育赛事的基础和内核，促进了城市体育赛事的产业化发展和区位竞争优势的形成。城市体育赛事形象和目的地城市形象都属于城市发展系统，两者之间存在着相互影响、相互制约的耦合关系。

我们的研究结果不仅支持了吸引体育游客到目的地城市旅游的主要因素是体育赛事，而且支持了将体育赛事作为目的地城市形象的形成剂和体育旅游的刺激器是非常有效的。同时，这一结论还支持了利用目的地已有元素发展体育赛事形象，从而吸引目的地的原有忠实消费者在淡季期间到目的地城市参加体育赛事，使之成为刺激旅游消费及促进城市文化形象升级的助推器。不仅如此，已有相关研究发现，当以参加体育活动为主要旅游目的的旅游者借由体育赛事出现在目的地城市时，旅游者的重游意向更加突出明显，随之出现重游行为的概率也较高。虽然已有研究支持了这一结论，但也有一些相关研究得出的结论与之不同，如 Kaplanidou and Vogt（2007）的研究发现体育赛事形象对目的地形象有显著的影响，但反之并不成立，即目的地形象对体育赛事形象无显著影响。分析原因，这与研究的具体案例的性质和特征是分不开的。已有文献表明，目的地性质、赛事特点及赛事稳定性（赛事再次发生的可能性）可能会影响目的地形象对体育赛事形象之间的相互关系。在本研究中也对这一点进行了研究和论证。

此外，先前的研究通常是基于感知支持在旅行前的情景中赛事和目的地形象之间的相互关系，但这项研究的结果主要是强调体育赛事形象是目的地形象感知的组成部分，因此消减了体育赛事形象在旅游结束后游客对目的地形象感知的影响。本研究弥补了这一缺失，一方面，表明了参与者动机和行为对目的地的感知形象对体育赛事形象的影响；另一方面，也突出了在旅游结束后，体育赛事形象对目的地形象的影响。因此，对于以旅游业为支柱产业的城市来说，持续举办周期性的小型或大型体育赛事是刺激旅游消费的有效可行的旅游营销方案。由于体育赛事形象同时也是使游客感知并形成更积极的城市文化形象及更高的重游意向，从而引发消费者重游行为的一个关键因素，因此目的地城市社会环境的支持及与城市旅游产业的良好战略合作和文化契合，是将体育赛事发展为城市文化品牌旅游吸引物的重要手段和具体方式。

同时，本研究认为未来行为意愿是一个非常复杂的变量。心理学界对如何预测人的行为意愿进行了长期的研究。Fishbein and Ajzen（1975）提出了理性行为理论，该理论假定人是理性的，从而提出态度和主观规范会影响人的行为意向，而行为意向预测人行为的发生。同为未来行为意愿，再访意愿（Revisit Intention，包括未来观赛意愿与未来旅游意愿）相较于推荐意愿（Word of Mouth，包括赛事推荐意愿和旅游推荐意愿）所需要考虑的因素明显要多出很多，至少推荐意愿不需要考虑时间、金钱等因素。推荐意愿取决于参赛者是否喜欢这个赛事或目的地，是否在参赛或旅游期间有愉快的体验，因而非常愿意与他人分享，并且希望他人也有同样的体验。

综合以上研究与分析，我们在此给出相关建议。在赛事举办期间，目的地城市周围需要具有良好、充足及完善的接待能力，包括住宿、餐饮等方面。这些都是决定游客对马拉松赛事和城市文化形象感知的重要因素。在餐饮质量的提升方面，举办者应该注重将其与城市特色相结合，如与地方知名餐馆合作，为参赛者提供地方特色菜肴，在餐饮的环境布置上体现地方特色等。在提升住宿质量方面，举办者应提前联系好赛事举办地周边的酒店，预估赛事参与者数量并提前预留酒店房间，避免出现参赛者无法订到房间的问题。另外，举办者还可以与周边餐馆及酒店合作，为参赛者提供特有的套餐服务，以解决参赛者的后顾之忧。通过高质量的住宿服务及餐饮服务，更好地塑造马拉松赛事形象和城市文化形象，从而吸引更多游客前来参赛或旅游观光，同时也为周边餐馆及酒店提供了充足的客源，以达到合作共赢的效果。

赛事服务作为赛事顺利举办的重要一环，在赛事形象塑造上发挥着举足轻

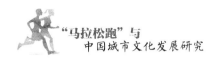
重的作用。赛事服务涉及很多方面，贯穿于赛前准备、赛中运营及赛后跟踪等各个阶段。在赛前，举办者可以向潜在参赛者推送相关的赛事信息和广告，以求参赛者和观众可以及时知晓赛事信息和报名时间。在比赛中，可以设置专门的赛事服务人员在园区及赛道周围为参加者提供服务与帮助，及时为参赛者答疑解惑。在每一个活动点位、流程、关卡都设置相应的工作人员为参赛者进行指导与服务。此外，举办者还应在赛道中准备好充足的饮用水及点心，为参赛者及时补充需要的水分与能量，防止参赛者因为缺水或低血糖而晕倒。同时，在赛道周围还应设置多个医疗点和充足的医务人员，以便及时为身体不适的参赛者提供帮助。

社会环境是城市文化形象的重要决定因素。城市的社会环境涉及工作人员、参赛者及当地居民等多个群体，并且各群体之间存在多方面的利益关系，因此处理好赛事当地的社会环境也是赛事获得成功的必要条件。首先，要确保工作人员能为参赛者提供优质的赛事服务，同时也要保证参赛者与工作人员之间的良性互动和有效沟通，这是建设优良的城市文化环境的核心条件。其次，要确保参赛者与当地居民的和谐关系，尽可能地减少双方之间的隔阂与矛盾，这是建设优良城市环境的内在条件。最后，由于工作人员与当地居民之间多数是包含关系，因此要尽可能地发展当地居民成为工作人员或潜在工作人员，将赛事精神与文化传递给更多的人，为城市经济发展和赛事成功举办添砖加瓦，这是建设优良城市环境的外在条件。

随着人们对健康生活的日益重视，旅游品位的不断提升，传统的观光型旅游开始转向复合型品质旅游及健康型的体验旅游，主动参与、积极体验逐渐成为人们出游的主导需求，而体育旅游的趣味性、参与性、体验性等特点恰好迎合了游客该方面的潜在需求，成为倍受青睐的新型旅游产品。旅游产业侧重于异地性和观赏性，体育产业侧重于参与性和体验性，正是这种差异化，使得两者的融合不仅能满足不同游客的多样化需求，还能使市场空间成倍放大。因此，城市发展体育赛事活动成为维持和发展积极的城市文化形象的重要方法。

马拉松赛事举办地的营销人员可以在其宣传材料中突出宣传赛事等体育事件的形象，这有益于体育赛事对城市形象带来积极影响及其对重游意向和行为产生间接影响。理论和实证结果都表明，促进和其他相关组织和资源的合作应成为体育旅游规划和城市发展的必要组成部分。体育赛事可以成为体育游客游览目的地城市的主要原因和刺激因素。注重旅游体验的城市文化营销者和供应商可以利用游客对城市的接触，根据体育赛事形象提供和推广高质量的产品和服务，且这些旅游产品的形象可以与游客城市文化形象感知和体育赛事形象相结合。长期来看，城市文化营销者和赛事组织者之间的协同营销方法可以发挥效应，当城市持续举办同类型的赛事时，体育赛事形象可能会受到城市文化形象的显著影响。

此外，马拉松赛事组织者可以通过向参与者提供增强赛事的组织、环境等方面的积极经验以维持和突出积极有效的赛事形象。通过有效的广告和公共关系，适当管理各种纸质化和电子化的宣传工具，如与赛事有关的网站，可以有效地管理城市文化形象。创建和维持一个积极的城市形象也有助于增加具有高口碑效应的体育赛事活动，并吸引原有消费者和潜在消费者到目的地城市参加体育赛事等活动，从而进一步刺激旅游消费。利用各种体育活动使旅游产品多样化，这也会影响城市的形象，这可能是游客重游的显著吸引点。大量的实际经验及现有文献强调了留住忠实游客的重要性及提供高质量的城市文化体验的重要性。

8   案例分析

近年来，马拉松运动在国内已经十分普及，城市马拉松赛的影响力越来越大，参赛人数也越来越多。我国目前规模较大、水平较高的城市马拉松赛有很多，包括北京马拉松、上海马拉松、广州马拉松等。本书选择成都马拉松、北京马拉松和西安马拉松这三个具有代表性的马拉松赛事进行案例分析。

8.1   成都马拉松

8.1.1   赛事简介

成都马拉松由成都市政府和中国田径协会联合主办，成都市体育局、成都传媒集团、成都高新区管委会、成都天府新区管委会共同承办，并由万达体育负责独家投资运营推广。

首届成都马拉松于 2017 年 9 月 23 日在成都举行，参赛人数为 20000 人。2018 年，第二届成都马拉松赛事规模 28000 人，赛道也经历了调整升级，融入了成都独特的文化元素，报名人数超 50000 人。2019 年 5 月，成都马拉松成为中国首个世界马拉松大满贯候选赛事。成都马拉松是中国境内唯一由国际A 级丈量员丈量赛道的城市马拉松。在赛事组织、选手服务等方面获得了世界马拉松大满贯联盟主席 Tim Hadzima 的高度评价。在中国田径协会公布的《中国田径协会关于公布 2019 中国马拉松等级赛事及特色赛事评定结果的通知》中，成都马拉松获评金牌赛事。[①] 受疫情影响，2020 年成都马拉松的赛事规模略有缩减，但参赛人数仍高达 10000 人。如今的成都马拉松赛道不仅蕴含

[①]   搜狐网. 中国田径协会关于公布 2019 中国马拉松等级赛事及特色赛事评定结果的通知[EB/OL]. (2020−10−10)[2022−02−10]. https://www.sohu.com/a/423748520_499999.

了丰富的历史文化价值，也是都市文明繁华的体现。成都马拉松赛道起点为金沙博物馆，终点为世纪城新国际会展中心，沿途串联了杜甫草堂、文化公园、宽窄巷子、人民公园、天府广场、四川大学、环球中心等成都地标。成都马拉松赛道也曾荣获中国田径协会颁发的"最美赛道奖"。

成都马拉松是世界马拉松大满贯年龄组世锦赛 50 场资格赛之一，也是国内仅有的两站世界马拉松大满贯年龄组世锦赛资格赛之一。参加以成都马拉松为代表的世界马拉松大满贯年龄组资格赛的选手们将依据年龄、完赛时间及性别获得相应积分。[①] 资格赛规则的设计也将让跑者们有机会在中国发挥出最佳状态，并获得前所未有的认可。

8.1.2　赛事历史

表 8-1 为近三届成都马拉松基本情况。

表 8-1　近三届成都马拉松基本情况

	2018 年	2019 年	2020 年
举办时间	10 月 27 日	10 月 27 日	11 月 29 日
赛事全称	成都国际马拉松	成都马拉松	成都马拉松
项目设置	马拉松 半程马拉松 5 公里欢乐跑	马拉松 半程马拉松 6 公里欢乐跑 竞速轮椅马拉松	马拉松
全程马拉松起点	金沙遗址博物馆	金沙遗址博物馆	金沙遗址博物馆
全程马拉松终点	新会展中心	新会展中心	新会展中心
参赛总人数	2.8 万人	3 万人	1 万人
冠名赞助商	东风日产	东风日产	东风日产

8.1.2.1　2018 年成都国际马拉松

2018 年成都国际马拉松于 2018 年 10 月 27 日正式举办，比赛共设置三个项目：全程马拉松、半程马拉松及 5 公里欢乐跑。全程马拉松赛道起点为金沙遗址博物馆，终点为成都世纪城新国际会展中心；半程马拉松起点为金沙遗址博物馆，终点为天府国际金融中心；5 公里欢乐跑起点为金沙遗址博物馆，终

---

① 郭立苗. 成都马拉松赛事品牌建设的研究［D］. 北京：首都体育学院，2020.

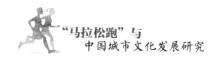

点为文化公园。截至 2018 年 9 月 23 日 22 点，比赛共有 50294 名选手注册报名，28000 名选手参赛，其中全程马拉松 12000 人，半程马拉松 10000 人，5公里欢乐跑 6000 人。与 2017 年相比，2018 年成都国际马拉松赛道全面升级，沿途既能感受成都古老的文化底蕴，又能感受成都现代的朝气与活力。新升级的成都国际马拉松赛道全长 42.195 公里，前半程主要对成都的历史古迹进行展示，后半段则主要展示成都崭新的城市风貌。①

2019 年 1 月 18 日，人民网发布了"2018 年最具影响力马拉松赛事排行榜"TOP100 赛事，2018 年成都国际马拉松排名第 18。

8.1.2.2　2019 年成都马拉松

2019 年成都马拉松于 2019 年 10 月 27 日正式举办。该届赛事在原有的全程马拉松、半程马拉松及 5 公里欢乐跑这三个比赛项目上新设置了竞速轮椅马拉松项目，其中全程马拉松、半程马拉松及 5 公里欢乐跑使用了与 2018 年同样的赛道路线。2019 年 10 月 27 日，成都马拉松组委会公布了比赛的报名数据，比赛共有 97283 名跑友参与预报名，30000 名选手参赛，其中全程马拉松15000 人，半程马拉松 10000 人，5 公里欢乐跑 5000 人。

2020 年 4 月 7 日，人民网发布了"2019 年最具影响力马拉松赛事排行榜"TOP100 赛事，2019 年成都马拉松赛排名第 10。

8.1.2.3　2020 年成都马拉松

2020 年 11 月 19 日上午，2020 年成都马拉松新闻发布会在成都举行。赛事组委会与冠名赞助商及官方合作伙伴举行了签约仪式，并发布了该届赛事的完赛奖牌和参赛服。2020 年 11 月 29 日 7 时 30 分，2020 年成都马拉松正式鸣枪起跑。受新冠肺炎疫情影响，2020 年成都马拉松只设置全程马拉松一个项目，赛事规模 10000 人，赛道起点为金沙遗址博物馆，终点为成都世纪城新国际会展中心。

2020 年成都马拉松体现出了其独特的赛事文化。无论是奖牌设计还是赛道设置，都把成都的人文气质、地标建筑、城市特点融合在一起，展现出成都深厚的文化底蕴和现代气息。

---

① 红星新闻. 一次成功的马拉松，也许比一次旅行更能看准成都的内心[EB/OL]. (2018-10-27)[2022-02-10]. https://baijiahao.baidu.com/s?id=1615455792335131252&wfr=spider&for=pc.

8.1.3　赛事形象

"一次成功的马拉松，也许比一次旅行更能看准成都的内心"，这是成都马拉松重要的精神内涵之一。2019 年成都马拉松成为世界马拉松大满贯联盟的候选赛事，进入世界马拉松大满贯联盟的长期评估程序，这也为成都马拉松的进一步发展带来了挑战与机遇。① 世界马拉松大满贯联盟主席 Tim Hadzima 曾这样评价成都与成都马拉松："成都是一座非常美丽的城市，我曾于 2018 年来过成都，这次很惊喜地看到赛道升级，这短短 42.195 公里的赛道，涵盖了成都这座城市的精华，还巧妙地将成都的新旧文化充分串联，让跑友们能够从成都灿烂的古文明跑向新时代。"他对成都赛道的巧妙设计和升级赞不绝口，惊喜于成都马拉松做到了将成都的绿道、公园、充满特色的成都街道、现代建筑及许多人文景观都串到了一起，这也是对成都打造世界赛事名城形象的一次充分展示。

世界铁人公司总裁 Andrew Messick 表示，大满贯赛事都至少有一个 3 年的评估系统，3 年的评估结果出来后，才能确定是否能将这座城市的马拉松赛事纳入大满贯，而如果有中国的城市马拉松加入大满贯中，对中国的马拉松赛事和大满贯联盟及参赛的运动员都会有很好的影响。② 伦敦马拉松赛事总监 Hugh Brasher 则表示，这次来成都，他不仅看到了成都悠久的历史和厚重的文化，还看到成都对未来有着美好的期望，因此他十分期待着成都马拉松赛事能够加入大满贯。

8.1.4　成都城市文化与城市形象

"天府之国"凝练地概括了成都的文化底蕴与内涵。成都是我国西南的一座历史名城，今天的成都不仅传承与延续了古蜀文明，更是现代化娱乐与休闲的中心。它既有丰富的历史积淀与悠远的文化传统，又有与时俱进的勃勃生机与现代化城市的活力。

成都是经济文化之都。成都是中国开始推出西部大开发的政策以来中国发展最快的城市之一，2021 年成都市地区生产总值已超过 1.9 万亿元。成都经济发展迅速，吸引了国人们的目光，一系列荣誉接踵而来，先后获全球最佳新

① 央广网. 2019 成都马拉松启动 赛事总人数将扩充至 3 万人［EB/OL］. (2019－05－14)［2022－02－10］. https://baijiahao.baidu.com/s?id=1633497996167257701&wfr=spider&for=pc.

② 万达官网. 2018 成都国际马拉松举行 54 国 2.8 万人参赛［EB/OL］. (2018－10－28)［2022－02－10］. http://www.wanda.cn/2018/2018_1028/39479.html.

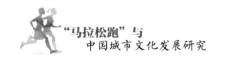

兴商务城市、中国内陆投资环境标杆城市、国家小微企业双创示范基地、中国城市综合实力十强、中国十大创业城市等。

成都是旅游休闲之都。成都的旅游资源丰富，拥有 2 项世界遗产和 2 项世界预备遗产。由于具有深厚的休闲文化积淀和休闲文化氛围，成都在 2006 年被评为"中国休闲之都"。近年来，成都市委、市政府高度重视第三产业尤其是旅游产业的发展，因此成都的旅游业也得到了快速发展，尤其是创建中国最佳旅游城市为成都旅游业的跨越式发展提供了重要的机遇。

成都是体育赛事之都。2017 年以来，成都提出了建设世界赛事名城的发展战略。为了在更高水平上推进世界赛事名城建设，成都市人民政府办公厅印发《成都世界赛事名城建设纲要》，进一步释放体育在经济高质量发展、城市功能品质优化、民生社会事业改善等方面的独特作用。成都预计到 2025 年建成世界赛事名城，基本形成与世界赛事名城相匹配的赛事体系，体育赛事成为成都发展"新名片"。

8.1.5 成都马拉松与成都城市文化发展

8.1.5.1 成都马拉松与成都经济发展双向促进

从成都马拉松对成都文化经济的影响上来看，成都马拉松能够促进成都的旅游业、会展业及餐饮住宿业的发展，并通过"马拉松＋旅游"的模式为城市带来巨大的经济效益。以 2018 年成都马拉松为例，这届赛事吸引了五大类别的商业赞助伙伴共计 20 家，实现赞助招商收入 2777 万元，报名费收入 273 万元。马拉松赛事吸引了来自全国各地的马拉松爱好者，他们在成都的旅游休闲行为能够拉动旅游消费，刺激旅游经济的增长。为迎合广大旅游者的不同需求，组委会还推出了马拉松旅游套餐，包括特色美食、历史文化景点等，这一举措也进一步提升了成都的城市品牌吸引力，实现了对成都城市文化多方位的宣传。

成都的经济发展也会助推成都马拉松赛事的发展。随着成都旅游业的发展，成都马拉松对马拉松爱好者的吸引力越来越强，报名人数逐年上升。此外，政府收入的增加使得更多的资金可以被投入到基础设施建设及营销宣传中，以便进一步提升成都马拉松的赛事质量，扩大成都马拉松的知名度。

8.1.5.2 成都马拉松与成都文化发展双向促进

成都马拉松提高了成都的城市文化价值。马拉松文化本身就是主办城市的一种特殊文化标识，它以其平等性、包容性及景观性等特征向公众传递城市的文化价值，提升城市的文化价值。成都马拉松是成都城市文化与形象的重要载体，它不仅融合了传统与现代的城市文化，还体现了成都休闲、自由的文化形象。在成都马拉松赛道路线的设计中，组委会将传统的城市文明与现代的都市气质结合起来，向外界展示了成都的综合文化素质。成都组委会将金沙遗址博物馆、成都世纪城新国际会展中心等城市地标、自然人文景观进行了连接，并通过各种渠道对城市的视觉形象进行宣传。全国各地乃至全球的参赛者来到成都参加马拉松比赛，在赛道上欣赏与感受成都沿途的城市建筑与自然风景，在赛场外也能充分领略成都的文化魅力。

成都城市文化的发展也推动了成都马拉松的发展。在赛道设计方面，成都的历史文化与城市景观为成都马拉松赛道的设计提供了灵感。为了向广大参赛者直观地展示成都的城市形象，成都马拉松将宽窄巷子、杜甫草堂、人民公园等地标性景点或建筑串联起来，通过这些人文景观与自然风光反映城市文化，让参赛者在沿途中直接感受成都的城市魅力，并丰富了马拉松赛事的文化内涵，增加了马拉松赛事的吸引力。

8.1.5.3 成都马拉松助力成都打造"赛事名城"名片

成都"赛事名城"名片的打造需要强有力的基础设施作为支撑，为此成都市政府出台了多项相关的法律政策，旨在改善成都的基础设施建设，为"赛事名城"建设打下良好基础。同时，成都还建设了许多大型的体育基础设施及体育场馆，以便更好地为举办高水平的赛事服务。从 2018 年首届成都马拉松成功举办开始，每一年的成都马拉松都吸引了全国马拉松爱好者的目光，尤其是在新冠肺炎疫情防控阶段，成都马拉松主办方为了保证赛事的成功举办进行了多方面的努力，如配合组委会进行严格的健康防疫检查，并根据新冠肺炎疫情形势的变化做出及时的调整，最终使得成都马拉松顺利进行。成都马拉松凭借其兼具观赏性与安全性的赛道设计、高质量的赛事服务及优秀的办赛水准在短短几年的时间内跻身国内最具影响力和代表性的马拉松赛事之一，而成都也以成都马拉松为名牌，向全国乃至全世界展现了其举办高水平大型赛事的能力，成都马拉松势必会成为成都打造"赛事名城"名片的重要推动力。

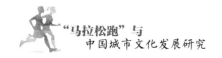

8.2　北京马拉松

8.2.1　赛事简介

北京马拉松自 1981 年开始创办，是国内历史最为悠久、连续举办时间最长的单项自主品牌赛事。该赛事经国际田径联合会（IAAF）认证、国际马拉松及公路跑协会（AIMS）备案，由中国田径协会、北京市体育局主办，中央电视台联合主办，中奥路跑体育管理有限公司、北京市竞赛管理中心承办。北京马拉松原名北京国际马拉松赛，为与其他高水平马拉松赛接轨，2010 年更名为北京马拉松。现如今，北京马拉松已经成为北京重要的城市名片。

从赛事规模来看，北京马拉松的参赛人数、赛事种类都在不断增加，而与相关产业和企业的合作也使得北京马拉松不断向多样化、商业化和国际化方向迈进。由于北京马拉松的报名人数逐年增多，从 2014 年开始，北京马拉松便采取抽签摇号的方式选出参赛人员，将参赛人数控制在 30000 人左右，但即使是这样，马拉松爱好者们报名参赛的热情也丝毫没有减退，每年报名人数依然远远超出 30000 人。

北京马拉松之所以具有极高的水准及知名度，原因之一就是其标准的赛道长度及赛道优越的沿途风景。2003 年开始，赛事的起点调整为天安门广场，途经长安街、钓鱼台、复兴门、大运村、北三四环、鸟巢、水立方等，最终到达终点奥林匹克公园。2009 年开始，北京马拉松的赛道基本成熟并确定了下来，在此之后每年的北京马拉松也仅仅是在此基础上做一些细微的调整。北京马拉松十分重视将城市的标志性建筑融入赛事当中，创造具有北京特色的马拉松赛事，并通过马拉松赛事宣传体育文化，彰显城市形象，使北京的城市文化更加深入人心。

8.2.2　赛事历史

北京马拉松是中国历史最悠久的马拉松赛事。作为国内马拉松赛事的先驱，北京马拉松在过去的三十年里不断发展完善，并在赛道路线规划、赛事组织能力、赛事服务质量等方面取得了不凡的成果，成为当今国内首屈一指的高水平马拉松赛事。

根据学者关于北京马拉松的研究，北京马拉松的发展历程可以被分为四个阶段。①

第一个阶段为 1981—1989 年。在这个阶段，我国人民的体育意识还较为淡薄，人们关于大型体育赛事的观念还停留在"为国争光"的状态。从经济上讲，改革开放虽然极大地促进了中国经济的发展，但也存在着政府财政赤字、通货膨胀等问题。在这个阶段，政府对于马拉松赛事举办的把控较为严格，赛事申办与审批的流程也十分复杂，其性质还是以竞技体育赛事为主，赛道设计也较为简单。北京马拉松在这个阶段的发展较为缓慢，但尽管如此，政府、体育部门等都在为马拉松赛事的发展做出各方面的努力。

第二个阶段为 1989—1999 年。1989 年开始，北京马拉松增加了女子项目，这意味着北京马拉松逐渐走向了大众化，走向广大民众的生活当中。在这个阶段，我国的政治环境稳定，经济增长状况持续向好，人民的生活状况也有了大幅改善。在这样的时代背景下，北京马拉松赛事的规模逐渐扩大，参赛人数也逐渐攀升，随着办赛经验的积累，北京马拉松的赛道也在不断的调整与改变中臻于成熟。

第三个阶段为 1999—2008 年。在这个阶段，我国的经济实力进一步增强，北京马拉松进入了一个飞速发展的黄金时期。2001 年北京申奥成功，这不仅促进了国家对体育事业的资金投入，而且将全民健身的运动健康意识深入到国民心中。在这样的大背景下，北京马拉松积极迎合时代的潮流，进一步调整、优化比赛路线，将北京代表性的地标建筑或景点串联到赛道当中，力图将城市的发展与马拉松赛事相结合，将北京马拉松打造成一张亮眼的城市名片。

第四个阶段为 2008 年至今。在这十多年间，我国的经济实力不断提高，政治局面稳定。随着人们生活水平的提高，"健康膳食"已经不能满足人们对健康的追求，全民健身的意识已经深入人心。在这个阶段，北京马拉松不论是办赛水平还是与城市的协调发展都取得了不俗的成果，北京马拉松在北京打造城市文化品牌的过程中发挥着越来越重要的作用。

近几年，北京马拉松延续了一如既往的火热。2018 北京马拉松设有全程马拉松（42.195 公里），参赛规模 30000 人，共有 111793 人完成报名。2019 北京马拉松比赛规模为 30000 人。选手预报名工作于 2019 年 8 月 25 日结束，根据数据统计结果，共有 165704 名跑友参与预报名，相比 2018 年增加了 53911 人，增幅达 48%。受新冠肺炎疫情影响，2020 年与 2021 年北京马拉松相继取消。

---

① 涂娜. 北京马拉松对北京市旅游的影响与对策研究［D］. 北京：首都体育学院，2017.

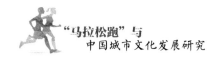
8.2.3 赛事形象

北京马拉松自 2008 年起已连续 11 年获得国际田联金标赛事的殊荣。凭借广泛的群众基础和独特的文化魅力，北京马拉松每年都吸引了超过 50 多个国家的 30000 名精英选手前来参赛，是国内外众多跑者心中的荣耀殿堂。北京马拉松适逢金秋最美时节开赛，在线路设计上兼顾人文景观和赛道条件，赛道路面平坦，非常有利于参赛者创造佳绩。

北京马拉松赛事组织运营成熟，商业开发完善，选手服务水平较高，赛事活动体系丰富。参赛人员中有许多是高水平的运动员或跑步协会成员，使北京马拉松在参赛者心目中树立起了专业化程度高的形象。北京马拉松的赛道设计具有高度的专业性，路面平整舒适，路线规划合理。在赛事的技术方面，北京马拉松采用十分严格的成绩统计技术，这也无疑深化了参赛者对于北京马拉松这一赛事"专业"形象的认知。此外，高质量的赛事服务、优美的沿途城市景观及气氛热烈的比赛现场等也构成了北京马拉松较为突出的赛事形象。

北京马拉松还具有很强的公益性。2015 年北京马拉松组委会凭借近年来在体育公益领域及"残健共荣"方面的贡献，荣获"2015 CCTV 体坛风云人物年度评选"年度大众体育精神奖。2017 年北京马拉松携手中华全国体育基金会设立"北京马拉松公益基金"，并联合北京市红十字会应急救护工作指导中心共同推出"北马小勇士——儿童安全防护培训"项目。2019 年北京马拉松联合 8 家公益组织共同发起了"北京马拉松公益奔跑季"主题活动，强化跑者的公益参与感。

8.2.4 北京城市文化与城市形象

8.2.4.1 历史悠久的文化古都

北京是一座有着 3000 多年历史的古都，在漫长的历史当中，北京拥有深厚的历史积淀，形成了类型丰富的文化资源，包括历史遗迹、民俗文化等。和世界上许多古老的城市一样，北京也同样凭借着标志性的名胜古迹驰名中外，享誉全球。

8.2.4.2 国际化的大都市

随着中国综合实力的不断增强，中国在国际上的地位越来越高，话语权也越来越大，北京作为中国的首都，其影响力与实力不断攀升，如今北京国际化大都市的形象已经得到了世界的普遍认可。北京不仅具有超群的政治、经济、科技实力，并且和全世界大多数国家建立了经济、政治、科技和文化交流关系，是有着全球性影响的国际一流都市。北京也具有很强的经济实力，其地区生产总值常年居于全国第二位，在国内仅次于上海，在全世界也跻身于前列。

8.2.4.3　高水平国际赛事之都

北京作为中国的首都和中国最为知名的城市之一，在中国承办国际高水平赛事方面承担着重要角色。从 2008 年北京夏季奥运会到 2022 年北京冬季奥运会，北京成为世界上目前唯一一座既举办过夏季奥运会又举办过冬季奥运会的城市。除奥运会外，北京还先后举办过第 26 届世界乒乓球锦标赛、第 5 届世界羽毛球锦标赛、1990 年北京亚运会等。北京能成为许多世界级赛事的举办地，不单单是因为其影响力与国际地位，也得益于北京优秀的办赛水准，能为来自全球各地的参赛者提供高质量的服务。如今北京作为国际性赛事举办城市的形象已经成为其重要的城市形象之一，这也是北京在打造城市形象上与时俱进，在传承悠久的传统文化的基础上努力开拓新的城市文化的例证。

8.2.5　北京马拉松与北京城市文化发展

8.2.5.1　北京马拉松与北京文化经济发展相互促进

北京在筹办历年北京马拉松的过程中，曾多次对城市的基础设施进行改善，而基础设施的改善，如绿地面积的增加、交通状况的改善、道路质量的提升等也会反过来助推城市的经济发展。能够举办马拉松赛事也是北京经济实力的象征。通过媒介的传播，城市的知名度能够进一步提升，为城市吸引更多投资，增加投资项目的数量。由于北京是一座风景优美、环境优渥的旅游城市，基于这个特点，举办马拉松赛事对北京的经济增长更为有益，北京马拉松一届赛事收入约五六千万元，收入主要来自赞助收入、报名收入和衍生经济收入，2017 年北京马拉松仅赞助收入就达 5500 万元左右，报名收入方面超过 600 万元。由于马拉松参赛人数众多，赛事往往能够为北京带来十分可观的人流量，这些游客能够拉动消费，带动经济发展。北京在对赛道进行选择和规划的过程中，将市内的著名地标、自然人文景观等进行了连接，并通过各种渠道对北京的视觉形象进行宣传。全国各地乃至全球的参赛者来北京参加马拉松比赛，在赛道上欣赏与感受沿途的城市建筑与自然风景，在赛场外也能充分领略北京兼具悠久历史与现代风采的形象魅力。

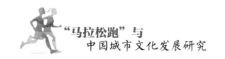
北京文化与经济的发展也会助推北京马拉松的发展。在基础设施建设方面，得益于马拉松带来的大量经济收入，政府可以投入更多的资金进行基础设施的改造与维修。平坦安全的赛道及配套完善的基础设施可以为参赛者带来更好的赛事体验，提高参赛者对赛事的满意度，从而进一步提升北京马拉松的口碑和影响力。在营销宣传方面，更多的资金可以被投入到宣传环节中，进一步扩大北京马拉松的影响力。因此公众对马拉松赛事的关注度越来越高，每年的北京马拉松都能迅速成为全国运动爱好者们关注的焦点。一场城市马拉松赛事的举办往往需要多个利益相关方的参与，除了赛事举办方需要对赛道地点、赛事流程等进行规划和设计以外，新闻媒体也会对马拉松赛事进行宣传。随着北京城市经济的发展，增加营销宣传方面的投入势必会进一步扩大北京马拉松的知名度。

8.2.5.2 北京马拉松传播体育文化，弘扬运动精神

不同学者对体育文化的定义有所不同，通常认为体育文化是有关体育的精神文明或观念文化。北京马拉松的举办在传播体育文化、宣传体育精神方面具有很大的影响。北京马拉松不单单是一项竞技运动，它秉持了"更快、更高、更强"的奥林匹克精神，北京马拉松的参赛者来自全国乃至全球各地，他们聚集在北京，站在北京马拉松的起跑线上，为的就是挑战自己的心理和生理极限，追求马拉松运动本身的快感，并实现自我价值追求与自我超越。

马拉松运动的门槛较低，对运动装备等没有特殊要求，因此对普通大众来说马拉松是一项可参与性很强的运动。北京马拉松的举办可以宣传全民运动的观念，鼓励更多北京市民参与到马拉松运动中来。北京马拉松因其巨大的规模及影响力，往往能够吸引来自全球各国的高水平运动员，它允许这些专业运动员与普通民众同场竞技，为大众提供了与顶级运动员交流学习的机会，使他们感受体育运动的魅力，从而促使更多人积极参与到体育运动中来。

8.2.5.3 北京马拉松提升北京文明面貌

马拉松运动是一项影响力十分广泛的运动，它不仅能够促进城市经济与文化发展，宣传体育文化与运动精神，还能够提高市民的文明素质与协作精神，改善城市的风气。感受马拉松运动的氛围、近距离观赏马拉松运动现场有助于陶冶情操，激发民众的运动热情，鼓励他们培养健康的生活方式。自 1981 年创立以来，北京马拉松一步步成长为具有深厚文化底蕴的品牌赛事，亦成为北京这座城市的宝贵财富。北京马拉松的举办，不仅有效推动了全民健身事业，

更以马拉松运动所蕴含的挑战自我、挑战极限的独特气质，潜移默化地重塑着城市精神和文化氛围，让城市更具动感和活力。①

北京马拉松从 1981 年举办第一届以来，已历经三十多年的发展，它对北京这座城市的意义已经不仅仅是一场体育赛事，更象征着具有自我挑战、自我超越精神的生活方式。北京马拉松已经将北京的文化有效地整合到了赛事品牌中，使北京马拉松不仅逐渐提升为国际级别的马拉松赛事，也充实了北京马拉松赛事的内涵，形成了具有北京文化特色的重量级体育赛事。北京兼具传统文化与现代文明，以开放包容的心态拥抱多元的价值观。北京市民充满热情与创新精神，追求生活的质量和生命的价值。北京和北京市民的这种精神面貌以北京马拉松为载体，将积极向上、追求卓越的北京精神展现给全世界，以昂扬的精神文明面貌诠释着马拉松运动的精神。

8.3 西安马拉松

8.3.1 赛事简介

西安马拉松是中国田径协会、西安市人民政府、陕西省体育局主办，陕西省田径协会、西安市文化和旅游局、西安市体育局、西安曲江新区管理委员会承办的国际性马拉松赛事，是西安最具国际知名度和美誉度的赛事。首届西安马拉松于 2017 年举办，此后每年一届。西安马拉松设有马拉松项目（42.195公里）、半程马拉松项目（21.0975 公里）和欢乐跑项目（7 公里），全程马拉松冠军奖金为 20000 元。2019 年赛事获得"中国田径银牌赛事"称号，2021年，西安马拉松赛获评"世界田联精英标牌赛事"。

8.3.2 赛事历史

表 8-2 为历届西安马拉松基本情况。

---

① 北京市体育局. 广汽传祺·2019 北京国际长跑节-北京半程马拉松成功举办［EB/OL］.（2019-04-15）［2022-02-10］. https://www.sport.gov.cn/n14471/n14472/n14509/c902703/content.html.

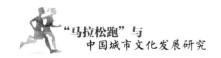
表8-2　历届西安马拉松基本情况

	2017 年	2018 年	2019 年	2020 年	2021 年
举办时间	10 月 28 日	10 月 20 日	10 月 20 日	11 月 8 日	4 月 17 日
赛事全称	2017 西安（碧桂园）国际马拉松赛	2018 西安（阳光城）国际马拉松赛	2019 西安（阳光城）国际马拉松赛	2020 西安（融创）马拉松赛	2021 西安（融创）马拉松赛
项目设置	全程马拉松 半程马拉松 欢乐跑	全程马拉松 半程马拉松 欢乐跑	全程马拉松 半程马拉松 欢乐跑	全程马拉松 半程马拉松 欢乐跑	全程马拉松 半程马拉松 欢乐跑
全程马拉松起点	南门东盘道	南门东盘道	南门东盘道	南门东盘道	南门东盘道
全程马拉松终点	大明宫国家遗址公园御道广场	大明宫国家遗址公园御道广场	大明宫国家遗址公园御道广场	中和广场	大明宫国家遗址公园御道广场
参赛总人数	20000 人	30000 人	30000 人	24000 万人	28000 万人
冠名赞助商	碧桂园集团	阳光城集团	阳光城集团	融创中国控股有限公司	融创中国控股有限公司

8.3.2.1　2019 年西安（阳光城）国际马拉松赛

2019 年西安马拉松赛共有来自中国、日本、美国、新加坡等 30 个国家和地区的 122928 名选手报名，报名人数相较 2018 年增长了 50.4%。所有项目报名人数超过报名限额（除西安国际马拉松直通选手），采取抽签加候补的方式确定参赛资格。最终赛事规模为 30000 人，在项目的设置上，2019 年西安国际马拉松赛仍将设马拉松（42.195 公里）、半程马拉松（21.0975 公里）、欢乐跑（7 公里）3 个比赛项目，参赛人数分别为 18000 人、8000 人和 4000 人。

全程马拉松项目起点为南门东盘道，终点为大明宫国家遗址公园御道广场；半程马拉松项目起点为南门东盘道，终点为慈恩西路；欢乐跑项目起点为南门东盘道，终点为高新咖啡街区。

8.3.2.2　2020 年西安（融创）马拉松赛

2020 年西安（融创）马拉松赛共设立全程马拉松、半程马拉松、全民全运欢乐跑 3 个组别，参赛总规模约为 24000 人。其中全程马拉松为 10000 人、半程马拉松为 10000 人、全民全运欢乐跑为 4000 人。2020 年西安马拉松赛共

有来自中国国内的 123800 名选手报名，经过抽签，24000 余名选手最终参与
比赛，综合中签率 18.18％。

全程马拉松起点为南门东盘道，终点为中和广场；半程马拉松起点为南门
东盘道，终点为朱雀大街南段；全民全运欢乐跑起点为南门东盘道，终点为高
新咖啡街区。

8.3.2.3　2021 年西安（融创）马拉松赛

2021 年西安（融创）马拉松赛以"全民全运，同心同行"为核心主题，
以"西马五年，奔向全运"为五周年特别主题，是为数不多没有因新冠肺炎疫
情取消的大型马拉松赛事。2021 年西安马拉松赛设有全程马拉松（42.195 公
里）、半程马拉松（21.0975 公里）、全民全运欢乐跑（7.5 公里）3 个项目。
共有 28000 名马拉松选手参加赛事；其中，马拉松项目 13000 人，半程马拉松
项目 12000 人，全民全运欢乐跑项目 3000 人。

全程马拉松起点为永宁门南广场东侧盘道，终点为大明宫国家遗址公园御
道广场；半程马拉松起点为永宁门南广场东侧盘道，终点为慈恩西路；全民全
运欢乐跑起点为永宁门南广场东侧盘道，终点为高新咖啡街区。

8.3.3　赛事形象

在世界田联最新标牌评定体系中，新赛季的西安马拉松赛获评精英标牌赛
事。2021 年世界田联将原先的白金标、金标、银标、铜标 4 级标牌体系调整
为本赛季的精英白金标、精英标、普通标 3 级体系。西安马拉松赛此次获评的
世界田联精英标牌赛事处于第 2 级别。

西安马拉松赛自 2017 年创办以来，凭借高标准、高品质的办赛理念，赢
得全国跑友的关注与热爱，由中国田径协会的铜牌赛事晋升为金牌赛事。无论
是西安市政府还是西安组委会，在筹办西安马拉松的过程中都极力强调西安特
色，力图通过奖牌设计、赛道设计、纪念品设计等方面彰显城市特色。西安马
拉松既充分展现了西安作为古都的文化风采，又突出了西安追求科技、生态与
时尚的现代化城市风貌。① 西安马拉松通过将马拉松运动与城市历史文化相结
合，向全国乃至全世界展示了西安的美好形象。

8.3.4　西安城市文化与城市形象

---

① 新华网. 支持品牌赛事 服务全民健身 陕西体彩提升公益影响力［EB/OL］.（2018－10－25）
［2022－02－10］. https://baijiahao. baidu. com/s?id=1615256592902341528&wfr=spider&for=pc.

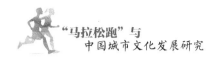
8.3.4.1 历史文化之都与旅游胜地

西安古称长安、镐京，是联合国教科文组织于 1981 年确定的 "世界历史名城"，是中华文明和中华民族重要发祥地之一，也是古代丝绸之路的起点。西安是国务院公布的首批国家历史文化名城，也是世界四大古都之一，是中国历史上建都朝代最多、时间最长、影响力最大的都城之一。悠久的历史文化创造了诸多名胜古迹，西安也因此成为中国最佳旅游目的地、中国国际形象最佳城市之一，有两项六处遗产被列入《世界遗产名录》，分别为秦始皇陵和兵马俑、大雁塔、小雁塔、唐长安城大明宫遗址、汉长安城未央宫遗址、兴教寺塔。除了这些世界遗产以外，西安还有钟鼓楼、华清池等著名的旅游景点，每年都吸引全国各地的游客慕名前来。西安丰富的历史文化遗产和自然风光具有高度的文化价值，也是构成西安的城市形象与城市文化的重要元素。

8.3.4.2 饮食文化丰富的城市

一座城市的饮食往往也是城市的重要形象之一。西安的饮食文化十分悠久，是中华饮食的发源地之一，许多西安小吃背后都有自己耐人寻味的小故事，这些故事随着人际传播逐渐为更多人所知，成为西安饮食文化的重要组成部分。西安的饮食文化，其实不仅仅是食物的文化，更是反映了西安辉煌的历史与开放的胸襟。

8.3.4.3 充满活力的 "网红" 城市

"网红" 城市是西安近些年来一个新的城市标签。"网红" 西安这一形象具有趣味性，如大唐不夜城辉煌的灯光成为旅游打卡地，成为视频用户们拍摄短视频的素材。再如火爆短视频平台的 "西安不倒翁" 表演，也成为短视频用户们追捧的对象。短视频新颖的展示方式与传播特点使得西安的 "网红" 文化能够快速传播并为大众所知，使西安成为具备一定网络热度的 "网红" 城市。

8.3.5 西安马拉松与西安城市文化发展

8.3.5.1 西安马拉松与西安文化经济发展双向促进

西安马拉松每年能为西安带来可观的经济效益，对城市的经济发展发挥着重要的作用。西安马拉松能够吸引来自全国各地甚至世界各地的参赛者，这些参赛者在西安停留的过程中也往往成为重要的旅游消费者，能够刺激旅游消费，促进西安旅游经济的增长。为了宣传西安的旅游资源，西安市政府曾在马拉松赛事中给参赛者提供了许多便利，包括向他们免费开放西安的部分旅游景区、发放具有西安旅游特色的参赛纪念品等。西安政府的这些举措，不仅可以提升参赛者的赛事体验，提高西安马拉松口碑，还可以很好地宣传西安的特色文化，提升西安作为旅游目的地的魅力。此外自 2017 年第一届西安国际马拉松正式举办以来，这几年间，为了能使西安马拉松具有更高的赛事水准，西安政府也曾多次对赛道进行调整，并对市内的基础设施进行改造与修建，显著改善了西安交通状况，夯实了西安经济发展的基础。

雄厚的经济实力是办出高水平赛事的基础，西安的经济增长也促进了西安马拉松赛事水准的提升。西安作为中国西部最大的城市之一，其经济实力的攀升扩大了城市的影响力，这种影响力也体现在西安在举办高水平赛事的能力上。此外，西安市政府的全力支持、各保障部门的积极配合，以及越来越多的赞助商对西安马拉松的支持也使得西安马拉松的赛事水准与质量稳定攀升。在西安浓厚的文化氛围中，西安马拉松一步步成为具有深厚文化底蕴的品牌赛事，亦成为西安这座城市的宝贵财富。

8.3.5.2 西安马拉松提升城市文化价值

随着同质的马拉松赛事越来越多，能否办出特点、办出水平，逐渐成为决定马拉松赛事是否能够在大同小异的赛事中脱颖而出的关键。作为西安市最具影响力的马拉松比赛，西安马拉松力求办出西安自己的特色，不论是赛道设计、奖牌设计还是营销宣传，都力图凸显西安作为古都的独特优势与文化魅力。西安马拉松通过突出城市特色，不仅将文化风采展现给大众，而且还借助马拉松赛事这样的载体将传统文化与现代都市文化完美结合，展现了兼备历史的厚重感与新奇的现代感的城市风貌，丰富了城市的文化价值。

西安马拉松还通过体育运动向大众传播体育文化，宣传体育精神。这样的城市体育文化能够起到重要的教育作用，向公众宣传全民健身、全民运动的健康观念；树立公平竞争、追求卓越的体育精神。包括央视在内的媒体都曾对西安马拉松进行全程赛事直播，来自媒体的报道能够进一步吸引全国观众的目光，向全国观众宣传西安的体育文化与精神面貌，对西安的体育事业与马拉松赛事的发展也有积极的促进作用。此外，西安马拉松的成功也为其他的大型赛事提供了经验，为全市的体育事业树立标杆，促进西安体育事业的发展。[1]

---

① 吴扬立. 西安市马拉松体育赛事可持续发展研究［D］. 西安：西安体育学院，2019.

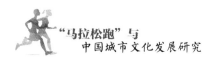
8.3.5.3 西安马拉松提升城市形象

除了主办方的组织协调、各个保障部门的全力配合及赞助商的大力支持外，西安市政府也在马拉松举办中发挥了不容忽视的作用。马拉松虽然能给主办城市带来文化经济效益，提升城市知名度，但如若管理不力也容易导致诸多社会问题，包括交通拥堵、环境污染、社会秩序混乱等，使参赛者的赛事体验大打折扣，使前期准备工作前功尽弃，还可能会对城市的形象产生负面影响。在西安马拉松举办期间，西安市政府采取了一系列措施确保赛事有条不紊地进行，包括调整地铁等通行工具的运营时间、向市民及时发布消息等，得到了市民与参赛者的一致好评。此外，西安还通过健全法律法规来保障赛事的秩序安全，并通过加强各部门之间的交流与协作力度，实现对马拉松赛事的高效管理。西安马拉松的举办提高了各政府部门之间的凝聚力，加强了西安市民对城市的认同感，改善了全国民众对西安的认知，提升了西安的整体城市形象。①

---

① 赵博伦. 首届西安国际马拉松赛的社会价值研究 [J]. 当代体育科技，2018，8 (14)：2.

附录　调查问卷与访谈

"马拉松跑"与中国城市文化发展调查问卷

您好！

　　首先感谢您在百忙之中参与问卷调查！为了解马拉松赛事与中国城市文化发展之间的关系，特进行《"马拉松跑"与中国城市文化发展》的调研工作，您作为一名马拉松赛事参与者，我们希望了解您的想法与意见。本次问卷不记名，所有问题仅为研究之用，请您放心填写。

　　填写说明：

　　①请在您认为符合的选项上打"√"。

　　②如果您有其他建议可以写在问卷末尾。

第一部分

1. 您的性别？

A. 男　　　　　　　B. 女

2. 您的午龄？

A. 18—24 岁

B. 25—29 岁

C. 30—34 岁

D. 35—44 岁

E. 45—54 岁

F. 55 岁以上

3. 您的学历是？

A. 初中及以下

B. 高中

C. 中等技术学校、职业学校

D. 大专或本科

E. 硕士及以上

4. 您的跑龄是？

A. 半年以下

B. 半年～1 年

C. 1 年～2 年

D. 2 年以上

5. 您的职业是？

A. 企业职员

B. 政府官员

C. 自由职业

D. 军人

E. 学生

F. 退休

6. 您的月收入水平是？

A. 5000 元以下

B. 5000～10000 元

C. 10000～20000 元

D. 20000 元以上

7. 您的现居住城市是？

A. 北京

B. 上海

C. 成都

D. 广州

E. 其他

第二部分

根据下面描述的内容，请您选择相应的符合程度。1 为非常不符合，2 为不符合，3 为比较不符合，4 为一般，5 为比较符合，6 为符合，7 为非常符合。（请在方框内选择您认为最符合的选项打 "√"）

序号	题项	1	2	3	4	5	6	7
1	比赛促进了交流，增进了情谊							
2	赛事安保设施完善							
3	赛事餐饮服务质量高							
4	赛道卫生整洁							
5	赛事活动安排合理							
6	地区温度与湿度适宜							
7	当地餐饮质量高							
8	城市有著名的旅游景点							
9	城市空气质量与噪音管控良好							
10	当地生活质量高							
11	为寻求刺激与挑战而参赛							
12	为从生理上、精神上得到放松而参赛							
13	为结识拥有相似兴趣的人而参赛							
14	愿意再次造访这个城市							
15	愿意再次参加这个活动							
16	愿意向他人推荐这个活动							

问卷到此结束，感谢您的耐心填写，祝您身体健康，工作顺利！

访谈大纲

访谈日期：

访谈对象：

访谈者：

开始时间：

结束时间：

您好！非常感谢您愿意接受此次访谈。这次访谈，我们有一些与马拉松经历相关的问题想与您交流。这次的访谈仅为学术研究之用，相关内容只用于论著研究中。为了确保能够正确记录您讲述的内容，我会将此次的访谈过程录

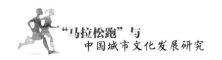

音，您看可以吗？（如果可以，需要将受访者确认的回答进行录音，开始录音，并重复确认）

在开始之前您还有什么问题吗？

（1）第一部分是关于您参与马拉松赛事活动的基本情况。

表1　您参与马拉松赛事活动的基本情况

第一部分：受访者基本信息	要点记录
参与马拉松赛事次数	
参与马拉松赛事频率	
性别	
年龄	
常住地	
受教育情况	
职业类型	
家庭情况：婚姻状况、有无子女、家人对参加马拉松的看法、参赛开销在家庭支出中的比例	

（2）第二部分是关于您的马拉松赛事参与经历。

①您能否描述一下第一次参与马拉松赛事的经历？

②能否尽可能详细地描述一下您如何选择想要参与的马拉松赛事，城市因素在其中占多少比重呢？

③您认为一个马拉松赛事成功的因素有哪些？

④在参与马拉松赛事的整个过程中，有哪些因素会影响您的参赛体验呢？

⑤有没有哪些城市的马拉松赛事将城市文化与马拉松赛事进行了良好的结合？

⑥是否会愿意将马拉松赛事或者办赛城市推荐给身边跑友呢？

表2　马拉松赛事经历

主要追加问题	要点
马拉松赛事信息的获取渠道	如何接触？目的地城市信息？
参与方式	跑团？俱乐部？个人？企业？
对马拉松感兴趣、开始参与的时间	跑龄及首次参与的赛事名称和城市
参与的原因	内因/外因

主要追加问题	要点
首次参与的感受	描述体验与感受，印象最深最享受之处，最不享受、觉得需要改进之处等
城市是否是选择马拉松赛事的考虑因素	便利性，个人偏好，城市特色（文化、经济、政策）
马拉松赛事是否会改变对城市的印象	城市氛围，市民素质，环境质量，设施水平等

访谈原稿

访谈编号：S01

访谈日期： 2019 年 1 月 14 日

访谈对象： Zhang

Q（发问方，下同）：您是哪里人？从事什么职业？跑龄有多少年呢？

A（回答方，下同）：我是河北唐山人，主业为公司部门主管，业余马拉松跑者。我是从 2016 年 4 月份开始，因为腿有伤，那时候才开始锻炼，然后就进入了马拉松圈。

Q：方便细说一下原因吗？

A：当时我的左腿已经肌肉萎缩了，是有快一年半的时间才知道腿有问题。之前拍了很多片子，做核磁共振、X 光都没用，还是疼，然后我老公就说去老中医那看看。就拿着片子去了，到那儿让我躺着，然后他就给我弄了一下，他说你那个腿，我一走进去就知道什么原因了，说我这两条腿是长短腿，他就帮我调理好，从那以后老中医给我进行了一年半的治疗，因为他说腿里面长期有积液，只能是一点一点缓和治疗。那之后一年半还是不行，就觉得这腿还是有问题，又找了一个带球队的队医，然后他说你年后抓紧去锻炼吧，你已经肌肉萎缩了，如果再不锻炼的话，可能以后问题更大。所以我就去跑步了，2016 年开春四月份就开始。但是一开始跑步只是在健身房做一般的训练，每天自己跑或者有空就去跑个 5 公里。然后经过朋友推荐就加入了一个跑团。那时候是 7 月份有一个澳大利亚的马拉松比赛，我说那我就跑个半马吧。我生孩子是在 2013 年，其实那时候就觉得奇怪，10 分钟都站不了，晚上就特疼，那时候就挺着个肚子，我同学还说这刚几个月啊，但是就是走不了路，其实挺煎熬的，后面有一年半的恢复时间，然后慢慢地就没有了，都不知道是什么原因。

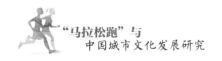
第一个全马是 2017 年 9 月份，是北京马拉松，跑了 5 个多小时。

Q：你所了解的现在同跑圈的大概是哪种类型人最多？各行各业的大概什么年龄段？他们有什么样的特征？大概描述一下这个圈子里的人。他们的职业和收入大概是什么样的状态？

A：年纪多大的都有，比如，我们那个小跑团，20 岁到 60 岁都有。我们这个年龄段往上的比较多，35 岁以上的。

Q：总共参加了多少场马拉松？

A：6 个大满贯，然后跑了 4 个半马，一个名古屋，一个希腊，一个上海，一个广州，两个厦门。总共应该是 16 个。

Q：促使你选择去参加马拉松的主要动机是什么呢？

A：其实我起初锻炼就是因为我这条腿，希望能通过跑步锻炼防止肌肉继续萎缩，后来想的是跑马拉松可以去不同的城市，还可以去国外跑马拉松，这多好呀，可以去玩啊，就当旅游了。

就我们这个跑圈来说，主要动机是健康。尤其我们这个岁数，你没有一个健康的身体，什么也干不了，我们公司有个人，他总说减肥，但是他没有健身意识，他就觉得这样挺好的，因为他这个岁数正是 30 岁，他也不累，如果我们这个年纪干了一天活儿肯定是累的，如果你没有好的身体，就坚持不了。

Q：在选择（举办马拉松赛事的）城市时有什么考虑吗？

A：主要是考虑能不能中签，因为很多城市我都想去，毕竟都是没有去跑过的，现在马拉松赛事举办的场次很多，举办的城市覆盖面也越来越广，选择就更多了，主要是看能不能中签，出现冲突的情况下再看更倾向于哪个地方，比如，哪里没去过，哪里对自己的吸引力更大之类的。

Q：那如果是时间有冲突的情况下，你是根据什么因素来选择自己想去参加马拉松的城市的呢？

A：从一个参赛者的角度来说，如果两个或多个城市都中签了，那我首先是看熟悉程度，我更喜欢选择没有去过、更加新颖的城市。还有就是看沿途的风光，会选择更美的地方，感受不同的风景。如果是去过的城市，那就根据上次的体验感来看这个地方值不值得再去。

就是说选择哪个城市去跑的话，一开始还是城市的文化氛围能够吸引我去。但是确实提到一点，就是说对于跑者来说他自己爱跑，对他来说不管在哪里举办他可能都愿意去跑，关键是你的服务好不好，如果有些城市的马拉松在大公路上跑也没任何文化，但是服务做得特别好，比如说东京，它的路线其实没有穿过什么特别的地方，但是客观来说，那些路线设计和咱们一样也是穿过文化地标，但是这个不会成为一个重要的因素，因为我要去旅游，我也可以去看这些地方。

Q：所以在最后做选择的时候，城市特色吸引力和赛事服务是对你来说最重要的因素吗？

A：对，是的。第一是没有去过的地方，第二是去过的地方必须值得再去，比如说伦敦、东京，都值得再去。因为他们赛事的服务都不太一样。第一个半马是自己身体的原因，后来因为爱上了这项运动，就跑了很多。另外后面的比赛更多是从乐趣角度出发，包括出国旅游，或者说去玩。

Q：想问一下你参加了这么多城市的马拉松，印象最好的是哪一个？能不能给我们举几个例子，包括你参加的比赛中国外跟国内的区别。

A：印象最好的应该是伦敦吧。其实主要是服务。从进场开始就跟国内不太一样。都是安检，但是它的指示牌特别明确，虽然我们是外国人，但是它能让你看得特别清晰。途中有急救的人员跟着，穿着不同颜色的衣服，骑着自行车跟着你，是为了急救。比赛完了，他们会去引导你上车，去取衣服。到了的时候他看见你了，就告诉你在哪一个区，还有等着你的人，告诉你在哪个地方去取你自己的包。取完存包以后，就指引你去哪个地方换衣服，一系列的服务，特别好。两个地方离得很远，大概得走五六百米，但一路都有人知道你去干嘛，就会告诉你。根本不需要跟你交流，看你的状态，就知道你想干嘛。赛场指示标识、人工服务、休息补给站这些都很到位，工作人员、志愿者都很暖心，给参赛者的体验很好。

Q：那么，其他方面呢？比如说它的路线设计这些，各个城市有没有明显的差别呢？

A：这个区别还是相对较小的，路线设计的话，每个城市基本都是绕着城市的中心来回跑一圈的，国外也是那样的，一般都回到这个中心。因为每个城市特色的地标基本就是在城市中心地带。道路状况比较好，基础设施这些也相对来说比较完善。比如说北京是从天安门出发，每年都是一样的，都绕着北京的长安街，然后拐到二环，然一直跑到鸟巢。因为我们以前了解马拉松赛事，在去设计这个线路的时候，一般都会穿过这个城市比较有特点的地方。比如说像西安马拉松，哎，对！我还跑过西安，（总共该是）17个。西安刚好有城墙跑，对不对？就是这种。要不然就是说这个城市的文化，就是一些文化符号在当中。

Q：那其实是不是就可以得出，城市特色文化的融入是城市马拉松区别

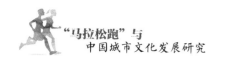
于其他城市的地方，也是主要的吸引力呢？那你在当中印象最深的是哪一个？

A：是的。主要就是文化、沟通、服务方面，你会觉得这一段线路特别美、特别舒服。我觉得西安挺好的，历史文化底蕴比较深厚，城市风光也美。西安线路设计上，在跑到大雁塔周边的时候，人们都愿意多看两眼。东京也美啊，尤其是樱花盛开的时候。其实我对国外这几个城市印象最好的是伦敦。市民和志愿者素质都很高，能直接感受到他们的热情和善意，对参赛者很关注、很照顾。国外的赛事我都特别喜欢（的原因），从始至终就是那么多观众为你，不管下雨还是怎么样，都在加油助威。

Q：你认为国内外马拉松比赛差异的具体原因可能是什么呢？

A：还是对于运动文化的认识和意识不一样吧，国内很多人都觉得，跑步就是去公园跑个步。但是国外不停都有人去骑车去跑步，概率特别大，还有很多小孩玩的运动设施。可能他们从小就有这个意识。

Q：你觉得办过马拉松赛事的城市和没有办过的城市有什么明显的区别呢？

A：没有。我现在感觉国内每个城市好像都要举办马拉松赛事。因为马拉松能拉动当地的经济啊。最大的影响，感觉就是拉动了地方经济吧。

Q：你怎么看待这个拉动经济的问题？

A：首先就是消费。无论是参赛人员还是工作人员、志愿者、观众这些，基本的吃住行，都需要花费，除了这些之外，旅游购物的消费肯定也是必要的，逛逛景点买买周边特产，一个人怎么也得消费。它对经济的拉动作用会很大。

Q：近十年，尤其是2017年以来，出现"马拉松热"。你对国内现在马拉松蔚然成风的这种现象，有什么看法呢？

A：首先这就是政策放宽的结果。马拉松对城市发展的效果很明显，政府当然支持。然后就是现在社会经济发展快，又倡导全民健身，大家的生活水平上去了，物质生活得到满足之后就开始追求精神生活，健身锻炼热度就上去了。其实就看每个城市谁办的，就靠服务嘛。现在其实有点过度，所有的城市都意识到了马拉松赛事对于这个城市带动经济这方面的影响，大家都想去办，最后拼的就是服务。马拉松现在这么热门，首先肯定是因为这个运动普适性很高，门槛较低，专业运动员、普通老百姓都能参加，也是实现全民健身的一种很好的方式吧。然后，也是政府促进经济发展还有城市各方面进步的一种手段吧。城市马拉松不仅让参与者感受到运动的美妙，还展示了城市的特色文化，

122

拉动了消费，所以越来越多的城市开始举办马拉松比赛，越来越多的人参加。但是也有问题的，有时一场马拉松之后，跑道上都是垃圾，设施破坏也严重，所以感觉有利有弊吧，还有待改进。

Q：如果你第一次知道这个城市办马拉松，你不太了解服务的情况，你去第一次的时候，还受限于它的什么方面？

A：对于我们这种跑团里的业余跑者来说，可能我们会比较挑赛事，那种不好的，也不愿意去啊，跑得也挺累的，也没什么意义。还有想积攒奖牌的那种，就是每周都跑的人，他暂时不会去。我们这样的也比较多，挑的主要是服务，服务好了人们就爱去嘛。

Q：那您参加过4次北马，为什么您一直去？

A：主要还是因为特别方便，就在家门口嘛，中签了我就去。

Q：那在您看来，除去就近原则，北京马拉松还有什么特别吸引人的地方吗？

A：就是赛事本身的品牌影响力吧，北马在咱们国内来说挺有名的，在国际上的影响力也挺大的。但服务比较一般，可外地人都想来，可能是想来北京天安门看一看吧，或者说因为比赛是在首都北京。

Q：所以在北京的跑者可能是这样，如果我们回成都去可能就是另外的一个状态。因为他们参加了很多成都的比赛，那北京的比赛管理服务再不好，他们还是会来。像你们北京跑者，可能因为你们见多识广，而且国外的都跑完了，所以可能会更挑剔，会更加慎重地去选择，就不是说什么都要去参加了？

A：对。

Q：有没有想过主动去传播这个圈子的文化，跟更多的人说跑马拉松的好处，让他们加入，还是说您只是就自己锻炼？

A：你说分享给别人是吗？现在都有朋友圈，有好多群，我就在微信上晒一晒，我去跑了马拉松。他们就是每天都走路，走路上下班那种也有，还有人也参加马拉松了，这是肯定会被感染的。他们可能会去锻炼，但是不一定选择马拉松。因为我们都是同龄人，差不多都这个年龄。

Q：好的，那今天的访谈就到这里，辛苦您了。

A：好的，不客气。

访谈编号：S02
访谈日期：2019 年 1 月 14 日

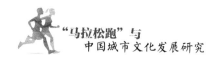

访谈对象：Zhang

Q：您是哪里人？从事什么职业？跑龄是多长呢？

A：我是北京人，现在是马拉松跑团负责人，我从 2007 年开始跑，应该是国内最早一批跑马拉松的人了。早期就比较复杂，然后正好赶上了中国马拉松的元年，我又做了马拉松相关项目的创业，就跟马拉松赛事结合，又带了很多选手和喜欢跑步的人去进行马拉松的训练。最火的北京马拉松，我连续跑了13 年。2018 年，我是天安门上的主持和热身教练。上海马拉松跑过，厦门马拉松跑了 3 次吧，反正中国好一点的马拉松比赛都去了。重庆没去过，从来都没去过。成都去过。

Q：在中国你觉得哪一场（马拉松赛事）是最好的？

A：北京和上海。

Q：能具体说说好在哪里吗？

A：北京是从天安门出发嘛，天安门升国旗的那个氛围真的很神圣，我们以前刚开始跑是 2007 年，也是从天安门出发，2008 年是在鸟巢。其实路线基本上没怎么变过，但是你会发现这条路线跑过了北京大多数比较美的景点。北京有一条最经典的路线，是我一个朋友她给做的路线，那个赛道是 2008 年奥运会选手跑的，把北京最经典的景点都连起来，从天安门出发，然后拐先农坛从天坛进，然后跑了清华、北大、五道口，但是承载量不行，如果把它做成一条 42 公里的路线，那是全世界最棒的线路了！因为都是很有特色的景点，高等学府，历史感这些。

上海其实因为比较现代化，很有上海的特色，出发点也是从陈毅广场黄浦江那块儿开始，跑到世博园，会有很多有意思的路线，这些只能慢跑，才看得到。成都我也跑了，成都马拉松在市区里，有点儿无聊，路线是直线，笔直的那条，那是第一届嘛，从新城区跑到老城区，再跑回来。都江堰我也去过。

Q：你认为城市文化方面的因素，对你选择参加哪个城市的马拉松赛事来说重要吗？

A：大多数跑者其实并不像我这样全国全世界地跑。大多还是一年跑几场，而且抽不着签的那种，所以对他们来说可能去跑场马拉松，一个是追求自己的成绩，另外一个是追求旅游，看看风景之类的，然后又不是很多人，提前两三天到，很多的景点（可以去）。经常朋友圈里刷到打卡的，比如说上海马拉松，大家先去黄浦江照相，还有参观静安寺。然后成都马拉松，很多人就是来看大熊猫啊，然后打卡天府广场、春熙路，就是这些，这其实还是有影响的。

因为是这样，我是一直练体育的。基本上冰上的、雪上的赛事以及马拉松，自己参与的也多。我还有个赛事公司，我们自己去做，做了 5 年的比赛，也做了很多小孩的、亲子的、大人的这些比赛都有。实际上前两天我刚做完冰雪比赛，还是跟冰上协会合作的中国等级最高的一个比赛，因为它是全国的一个小联赛。所以我还挺了解体育，我也接触过好多。马拉松赛事，这几年比较多，前几年没有这么多，就我们刚开始跑的 2007 年和 2008 年时还没有那么多，是 2013 年、2014 年左右开始变多的，我个人的感觉也是这样。

Q：现在基本全国都在办马拉松，你对这个现象怎么看呢？为什么各种城市都在办，是它的城市名片吗？

A：每个省份的省会城市，肯定会办大型马拉松赛事。一个是政府的邀请，打造城市形象。然后我们跟北京市体育局也有合作，全国有 10 个重点赛事，第一个重点是北京马拉松，然后第二个是一个世界级的自行车比赛，第三个是北京半程马拉松，因为都是天安门出发，然后第四个、第五个是一些北京的铁人三项，然后这些比赛其实是有一些需求在里面的，所以城市一定要去主办。包括比较有特色的比赛，我们对接的特别多，比如说每年的 12 月 26 号，会在长沙橘子洲头办马拉松，这个赛事公司是我们的一个分公司。他们也会做这种主题类的比赛，契合城市文化特色的主题肯定是对它展示城市形象、塑造城市品牌很有意义的。

我还去参观过石景山、井冈山这些红色旅游景点。因为国内的马拉松现在有几个版块，一个是城市级的，另外一个是根据习近平总书记的思想进行赛事规划，比如说一带一路、红色庆典等，这叫奔跑中国系列。然后还有 种也是介绍景区为主的，还有人文类的，我还参加过那种需要好几天的马拉松比赛，就是重走西南联大路，清华、北大的一些学生都去。基本上是大大小小都跑遍了。还有越野跑，也很好玩的。2018 年国内最火的武汉马拉松报名人数是 19 万多，武汉马拉松为什么最受欢迎，因为它的服务非常好。第一届我去了，第一届武汉马拉松受欢迎的原因是时间选得非常好，是在武汉最美的时候跑，东湖和樱花。另外武汉市政府特别重视。我第一年跑的时候，觉得武汉马拉松的路线非常好，然后是设施、健身器械、道路建设情况、基础设施这些。因为过市中心需要多方面的配合，旁边是武警、特警、公安、消防人员，包括部队的野战医院，都出来做一些补给，也特别好，景色非常好。一开始政府花大力气积累了口碑，第二届、第三届也特别好。第一届武汉马拉松我是赞助商的主教

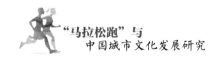
练，大家是九点半到，就跟着那些车主跑了几百米吧。

Q：那站在您的角度来看，城市文化在马拉松赛事里面扮演着什么样的角色呢？影响大吗？

A：因为马拉松从体育竞技的角度来说是唯一一个大众选手能跟世界级选手、世界冠军同时起跑出发的比赛，其他体育项目基本不会有这种机会，我也可以跟世界级选手站在同一条起跑线上，虽然我离他有一段距离，但是都是一起跑，只不过人家跑 2 个小时，我跑 5 个小时，这是唯一一个有大众参与的世界级的赛事。

Q：您之前就一直从事体育行业，但最早来跑马拉松的原因是什么？

A：2007 年的时候我开了个健身房，是提供商业健身的健身房，我们当时跟运动公司有合作，那时候运动公司给了我 50 个北京马拉松 10 公里的名额，让我们组织会员去。

Q：所以你一直都没有离开过马拉松这一领域？

A：嗯，毕业之后一直都在做这个。我们自己有几个公司，一个是大家看到的健身房，还有专门做户外比赛的赛事公司，一个是做智能健身的科技公司。你会发现，其实这个市场也是因为政府的支持，品牌去做大量的推进工作，然后老百姓更多地去参与，这是一个比较良性的循环，有品牌赞助商，有政府支持，现在还有一些很好的赛事执行公司来做承接，把跑者发动起来，这几年会发现马拉松的服务水平越来越好了。

Q：那您觉得品牌赞助和城市文化之间有怎样的联系呢？

A：因为这跟城市和品牌调性有关，城市文化有没有和品牌文化理念相得益彰。

Q：各种赛事对于城市的文化来说有没有促进作用？

A：这个肯定有的，主要是口碑宣传，城市形象推广，比如说很多人跑完之后会在朋友圈里宣传，一个是这个城市的风光路线，另外一个是他的成绩，还有很多人反复去这个城市跑，比如说我跑了几年的上海，十几年的北京，但是我不会拿上海作比较，我每年都会参加一次上海马拉松是因为要看自己水平有没有进步，看自己是不是还能保持。其实就很简单，就同一条路线，跑一次就知道自己今年怎么样。我们这次在厦门训练营的时候，有个老爷子连续跑了十几年，满 70 岁的大爷都有，我们这年纪最大的训练者也是 70 岁，70 岁他还能跑进 3 小时，实际上这也对这个文化有影响，因为你去跑了，这种宣传效应会推动这个城市的发展，我觉得这两个是互补的。这个赛事有吸引力，我就去跑，我跑完之后觉得这城市更好玩，我就回来跟所有人说，大概明年再去这儿跑，它是互相的。自身进步的同时，城市旅游业和各种相关产业肯定也会受益。我有一个朋友，他做了 5 年中国最东边的马拉松，在辽宁抚远，第一届我帮他做的主持，他的噱头就是给那个城市带来一些旅游人口，同时去做那个城市的宣传，因为抚远对面就是俄罗斯。他的赛事概念就是"全中国第一缕阳光"，真的是这样，我们到的时候零下 20 多度，很冷的，在冰面上跑。那个城市要是没有马拉松，可能我根本都不会去，但是它的噱头或者说营销卖点就是你在这里跑步，可以看到中国新年第一缕阳光，大家早上五六点钟起来就开始跑，六点就出太阳了，可能四五点钟天就亮了，下午五点就天黑了，所以早上四五点钟要起来，很冷，但是还是有人跑，还挺受欢迎的。但它只是有特色，因为它承载能力有限，北京飞过去的航班只有一班。我们发现在文化上，其实小城市比北京、上海等大城市对大多数人来说更有吸引力，全国的一些大城市可能很多人都去过。但是你去抚远这个地方，对面就是俄罗斯，真的挺有意思的，就有一种特色、噱头，是"全中国第一缕阳光"。还比如说新疆，秋天是最美的时候。还有"一带一路"主题、井冈山红色之旅，只要有人就去。其实跑马拉松不是很贵，你上新疆跑，很贵。你要去井冈山，其实就一张机票和住宿，一个报名费，到那旅游两三天，感觉也还好。可以用一个周末，星期五请个假，星期天晚上回来。都江堰之前我去跑的时候，我问国内马拉松哪个好，他们好多都说都江堰的双遗好，但是好像这两年又不行了。换公司了，换了之后其实对比赛影响特别大，可能赛事服务体验感会差一点，比如说之前它会有火车站、机场接人，马拉松展会做得非常好，赛道上补给做得也非常好，志愿者非常热情，这算是人文文化。

Q：城市温度本质上可以说是居民的温度？

A：对，其实你可以理解成城市文化就是当地的人文文化，也能间接展示一些当地的风土人情、市民素质。像北京马拉松就有一点高冷，没有多少市民看，上海马拉松就会热情一点。我去过最热情的是衡水，设备很多，设施也很健全，当地市场比我们更重视，因为央视报道了。城市服务还挺有名的。央视在周末黄金时段，早上起来中央五台放城市宣传片，前后 3 个小时，所以当地市政府一定很重视。

Q：你个人的话，想去某场马拉松，最终看中的因素是什么？

A：如果除开工作其实就是我没去过的城市，我想去一趟。比如说重庆、无锡，我去过，但是一堆朋友都去，我也会再去一趟。或者我觉得上次去无锡有点遗憾，比如说那个博物馆没去。当地的文化对我还是有吸引，因为对大家是一个旅游的动机，对大家而言，跑马拉松其实都一样，无非就是你跑的时候

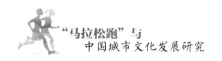
所看到的风景，我跟着他们去溜达，其实就想的可以去旅游，然后就是跑步时有一点旅游景点就很好了。

Q：您认识很多跑团，那跑团圈这个文化，这部分人大概是什么样的？他们的年龄段，包括职业特点，您有所了解吗？

A：这些人对跑步有执念或者有热爱，这是第一个。因为没有热爱，他不会去做。第二个呢，就是工作比较稳定，我认识的跑团团长基本上都是属于那种朝九晚五，周末可以休息的，很稳定。不像我这样创业的，有时周末出差两天，我最多飞过 5 个城市，这样繁忙不可能去维护跑团。然后第三，就是家庭收入或者工资水平相对来说还不错。因为毕竟自己要花时间、花精力、花钱去负责一个跑团。但是跑团的问题也挺多的，大家的热情、参与度如何维持。参与跑团的特征有两种，属于跑团的性质特征，比如说有的是大众公益跑团，那很多人参加其实是因为有人带他们免费活动和锻炼，偶尔还能抽个奖，发个衣服、发个鞋、发个帽子，他会觉得反正也要运动，不如就去做这个运动。而且这项运动初始成本很便宜，还比较正能量。然后另外一部分就是一些品牌类的扩展人，车企与房企。还有一些就涉及门槛，只有会员才能成为跑团成员，那会员费可能就是门槛。大多数跑团都是免费的，但免费的性质就是比较松散，归属感也不强。

Q：城市不同、地理位置不同，会对年龄有影响吗？

A：北京有 2100 多万常住人口，分为 4 个核心城区，东城、西城更多的是年轻人，基本都是 20 多岁、30 多岁的人为主，10 多岁的小孩不会去报团。其实 30 岁以上或者 35 岁左右是一个阶段，这些人大多有一些生活的沉淀或财富，他有家庭，所以他可能不太会那么热衷，每天训练。或者说他可能更有选择，比如说像财务自由的人，更多是选择一些口碑好、质量好的，他跑了大部分比赛，还去国外跑，可能就是因为没去过这个城市就去了，然后带着家庭，以跑步的名义去，都出去玩一下，早上他们轮着热身，今天早上是我跑，另一半在家里带娃，明天就换一个人来。有时候上这儿一起训练了，他们家小孩就在场地里，挺有意思的。

Q：那越野赛呢（更看重什么）？

A：越野赛就是看风景。越野赛其实就是找一个特别美丽的风景名胜地，要结合城市和当地旅游项目。大家在山野里跑的感觉，又不一样，像我们西南这种山地地区，其实很适合举办越野赛，我们在成都当时也有合作，是汶川马拉松。

Q：好的，那本次采访就到这里，谢谢您的配合。

A：好的。

访谈编号：S03

访谈日期：2019 年 1 月 14 日

访谈对象：Gao

Q：您是哪里人，从事什么职业？

A：我是湖南人，在北京生活了 20 年，现在暂时定居在北京，职业是公司经理。

Q：您参加马拉松跑有多少年了呢？

A：我第一个全程马拉松是 2015 年参加的，之前没有半程马拉松项目，我上来第一个就是全程马拉松，而且第一个全程马拉松就跑了瑞士，起点比较高。

Q：一开始选择跑马拉松的契机是什么呢？

A：当然就是为了锻炼身体嘛，当时好像也有跑步，也还不错，能跑全马，也是平时跟大家一起练习。然后就是旅游了，当时是每年有两个假期会出国玩，不是国庆就是端午或五一，那时候五一假期还比较长，长假肯定会选国外去玩，那时候跑步文化又比较好，我们就想找一个有马拉松的地方，正好去瑞士玩，那边有一个三国马拉松，就是围着博登湖一圈，从奥地利出发，经过瑞士、德国又回到奥地利。所以其实是为了旅游，然后顺便跑了个马拉松。

Q：您能不能给我们分享一次你参加马拉松印象比较深刻的经历？

A；呃，那就讲一下芝加哥马拉松吧，是 2016 年，当时选择旅游就一定带上一个马拉松或者越野项目，反正只要是跑步赛事都参加。印象比较深是因为我们大概是 10 月参加芝加哥马拉松的，我们 9 月 30 号从北京出发了，所以一路从纽约玩到了华盛顿，然后再到芝加哥，还没上跑道，双脚已经疼了，天天走路，后来上跑道的时候，体力就已经不是特别好了。我当时是抱着要跑进 4 小时 30 分的心态，因为去年赛事跑的时候是跑进 5 小时 30 分，然后就想着第二年要跑进 4 小时 30 分。因为我第一年都没练习过，没准备过。后面练习了一年，觉得自己很厉害，那不得跑进 4 小时 30 分啊。

手上贴的都是配速表，芝加哥马拉松准备得很好，赛场服务、志愿者这些都做得特别好，各种速度的配速表，我们都可以贴上。还有一个印象比较深，就是马拉松博览会（下文简称"马博会"），比国内的马博会规模要大，它是一个赛事方举办的博览会，几万人同时聚集在这里，就做了一个 3 天的集市。芝

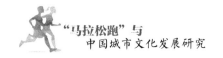
加哥马博会整个场地至少有 1000 平米吧，我们买东西结账的地方，等到你结账要一个小时。当时是 2016 年的芝加哥马拉松，纪念衫我们都会买，反正在里面花了 2000 多块钱吧，还没买鞋呢，要买鞋更贵了。因为鞋子上面看不见那些品牌标志，就写了芝加哥，然后每年也有场合穿。因为芝加哥马拉松是世界六大马拉松之一，马博会一个是大，第二个是真的不打折，衣服按原价买，大家就是冲着这个纪念衫买，还有一个想法就是，都来这儿参加赛事了，还不得买点纪念品。

还有个事情印象特别深刻。就是国外花钱买照片的这个消费观念，我跑的第一个马拉松花了 22 美元买照片，他说 5 美元一张，但是如果交够 22 美元，所有的照片都能下载，那我一算，沿途有好多摄影点，有我一上午的照片，我是因为第一次去国外跑，我就觉得这钱花呗，人家也拍得挺好的，而且一张 5 美元，那就要一套呗。

我当时回来写了一篇推文，我想说的是跑步之前长时间的旅游行程其实是不利于跑马拉松的。当时我的成绩是 5 小时 20 分，差不多就训练了一年，然后这一回因为旅游特别累，而且还有一个就是不习惯，跑完之后，我是从终点走回酒店的，走了半个小时，因为也没车能进去，大家都只能靠走。后来走了半小时风一吹，等我到酒店的时候就感冒了，我们大概是 8 个人一起去的，一起玩儿，然后 3 个人都感冒了，结果在异国他乡又不太会买药，我当时去酒店前台跟工作人员描述过，有人感冒了要买药。我觉得我已经表述得挺好了，毕竟我也在英国留过学，但工作人员态度特别不友好，假装没听懂。马拉松赛全程的服务水平，对参赛者来说真的很重要。

Q：那你去国外的城市跑马拉松时，你是出于什么考虑？是文化还是什么原因？

A：我之前只是因为每年都有习惯去国外玩，所以回来我参加了西安马拉松，我就写了一篇推文。参加了西安马拉松之后，颠覆了我对国内马拉松的一个看法，其实我们在国内跑马拉松会得到更好的服务，首先不会舟车劳顿地倒时差，然后不会有文化的差异，比如说我在西安跑马拉松的时候，他们的加油方式会让你发自内心地笑，他会说，帅哥加油！靓妹加油！小姐姐加油！这些都是你的文化。还有附近公司的人，他们会组队在那观看，还有学生穿着民族服装，银行员工穿着统一服装，他们拉的条幅都是跟他们服务相关的，但是都能理解的，我们一路会露出会心的笑。所以文化方面，我会觉得各有各的趣味，大家都会展现自己的文化，但是我觉得国内前期会好一点，这个环境不管从文化还是服务，都会更好，其实在国外马拉松的补给是做得远远没有国内好的。

Q：那吸引你去参加这个城市的马拉松，你更看重的是哪几个方面？

A：好多城市如果不是因为马拉松，我们可能也不会去。比如说有时候觉得这个月份很适合跑马拉松，一看有这几个城市在办，从这几个城市中你会挑一个。之后可能哪个城市稍微更有名气一点，就会选择，比如说重庆马拉松、无锡马拉松这两个如果不是因为有合作伙伴关系，我有可能会选择重庆，因为在我心中重庆的美食和我对这个城市个性的了解，要高于无锡。我以前对无锡是毫无了解的，我只知道是个江南城市，可能还不错。去了之后，感受到了这个城市这么好，我现在对无锡这个城市的理解是在新一线城市里。无锡是一个我可以选择去定居的城市，就是因为我通过马拉松接触它，越来越了解。我去了3次无锡马拉松了，第一首先是因为工作的需要，但是它也得让我认可，我才会再去。因为无锡马拉松做了两场发布会，发布会会把无锡的文化融进去，这是做得很好的，它请了4个新一代无锡人，这些人只是去无锡上学，之后就决定留在无锡，为什么他们不选择北上广，而是留在无锡呢？是因为这些新一线城市让他们看到了很多美好的地方。这是我这一次参加无锡马拉松之后，了解的新一线城市里这些新一代人是这么看这个城市的。能留住人才也是它的魅力，然后还能吸引我这样的人，想着等我老了定居，也是个选择啊。总之，我觉得我选马拉松，第一步肯定要看我的时间和我今年的计划。第二步看哪个城市胜出，这个城市还是要有一定吸引力。或者朋友都选择去无锡，那我肯定不去重庆了，我跟着一起去无锡吧。第一是美食玩乐，那是肯定的，然后第二个是当你用脚丈量过这个城市，感情都不一样了。一说那是我用脚丈量过的城市，那就成了我生活的城市、工作的城市、上学的城市以外最亲的城市了，就是用脚丈量过的城市，所以感情就提升了。如果我能参与得更深度一点，感受到这个城市的文化，就像无锡，那就完全会成为这个城市的代言人了。身边的人我都会宣传，我都跑过几届了，那有什么好吃好喝好玩好文化什么的。所以马拉松我们已经看成是一个城市文明程度的象征了。

Q：如果一个城市有马拉松和没有马拉松，你会怎么看？

A：那上升到文明程度，就不一样了。对我们来说这已经是一线城市的一个特征。我觉得每个人心中的文明是不一样的，我的文明是体育类的文明，可能别人心中就是文艺类的。

Q：比如说成都，你觉得如果成都办了马拉松比赛，怎样才能把你吸引过去？

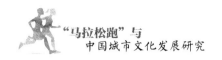
A：第一个像我们这种每年都要跑几个马拉松，几个越野的人群，在选择的时候还是会尽量选择以前没跑过的城市，多去体验。在所有的城市里面，其实除了第一批次的选择，因为它已经很成熟了，成都本来就是我们第二批次的选择，在第二批次选择里面只要时间对上了，成都这么极具吸引力的城市，肯定在我们第二批次里已经是首选了。

Q：第一批次首选是哪些呢？

A：第一，我们开始选择的时候，会被灌输一些概念，赛事品牌影响力这些，就说全球最好的六大马拉松赛事，你要有能力当然会去。大家也不会每个人上来就给你推荐国际赛事，就会说国内你要跑的是城市很漂亮的，就在你身边的，你肯定不要错过，比如北京，北京在我们身边。比如上海，还有广州，北上广肯定是大城市里面做得最细的，然后现在第一批次又衍生了像厦门、无锡这样做得比较好的城市，口碑很好，环境又比较好。那第二批次当然就是本身城市就有吸引力，如果我们只是听别人说起这个城市，我们肯定都会去的，迟早的事。其实每个人做决定都会受很多影响，很少有人孤独地去跑一个马拉松。一般会几个人，一对或者是亲朋好友。像我之前去国外那次我不也是一家去国外嘛。然后他们说，你要跑成都的话去双遗，当时双遗还没做呢，他们都说双遗算国内做得还不错的，我就真去了。后来发现国内和国外的马拉松，就是城市里面那些啦啦队的差距较大，国外是基本全体人民都出来了，中国好像还没有哪个地方能做到。我当时跑了两个国外的马拉松，回来国内跑第一个西安的时候，我写的那篇推文就说，一场好的马拉松由三部分决定。第一个是由主办方决定，它把这个场景布置得有多好，路线弄得很成熟。第二个由跑者决定，我会觉得国内的跑者已经让我很感动了，比如说我在西安马拉松会看到有这种推着车带着孩子跑的，有陪着自己瘸腿的儿子跑的，有穿着奇装异服跑的，这个是各种文化的体现。这个丰富度让我觉得这不是一场低级别的比赛，而是已经达到国际水准。第三部分就由啦啦队决定，西安办得很好就是因为把各单位的都派出来了，让你觉得全程有人加油，还有不同的文化。所以我觉得这三方面国内马拉松已经达到国际水准了，比如说厦门，每年都会有改进，而且我第一年在西安跑的时候还有一个感受比较好，就是当时在大雁塔，我想拍照，我一看旁边就有警察，然后我就把手机给警察，问他能不能帮我拍个照。其实我内心还是有点忐忑的，但是他很热情地给我拍了，他们也是接受马拉松文化的。后来我就觉得这挺好的，证明制度没有要求，所以我整个西安马拉松的感受都特别好，所以我对国内马拉松评论基调很高。

Q：您2015年最初跑的时候，是什么原因让你跑马拉松的呢？

A：之前因为一直爱运动。最初的动机就是，马拉松突然那么受欢迎，身边跑步的人也越来越多了，我应该是提前好久就开始跑这种 3 公里、5 公里、7 公里，是因为身边的人开始跑步晒朋友圈，我也开始在朋友圈晒，后面就会发现，原来跑步不只是为了晒朋友圈，还可以去参加比赛，然后就开始决定也报一个马拉松比赛。所以其实自己是因为朋友圈的晒照，看别的朋友也是一种激励吧，身边的人他会激励你的，就这种文化是不可逆的，一旦有人给我推荐，那我也会想试试。

Q：在你们这种跑团当中的人，他们大概有什么样的特征？以你接触来看，大概是什么样的情况？

A：我觉得有一定资金是一个很好的基础，但这个不是最重要的，甚至都不是很重要的一个因素，因为我的朋友圈子里什么岗位都有，其实经济水准还是很综合的，我们每年会一起跑比赛，然后年初都会聊为什么会跑步，有的人是身体需要，就是医生已经跟他说你得减肥，我群里面估计有 10 个是减肥超过 50 斤的，大概花了也就是三四年吧，其实这群人跑步基本都是那时候开始的，也就是 2015 年、2016 年的样子。

Q：你觉得马拉松为什么突然就受欢迎了？（"马拉松热"的原因）

A：嗯，我觉得朋友圈是一个助力的前提（媒体宣传效果加持），这个文化慢慢被一些人接受，我第一场是 2008 年参加的北京马拉松，但是我跑的是 5 公里的迷你马拉松，那是因为公司接到了任务，要派 100 个人去参加北京马拉松，然后我又是公司里面比较能运动的，我是网球协会的，公司就指派我去跑。那时候 5 公里是个天文数字，然后我就跑了，结果我发现从天安门出发跑完 5 公里我还没跑开呢，然后我老公就给我打电话跟我说他在哪个路口停着车，让我走过来，我说要不我再跑会儿，还没跑开呢，人都还没跑开就到了。原来没跑过这么长距离，后来才发现原来 5 公里还没热身呢。原因就是人们生活水平提高了，他对挑战自我的要求也高了。其实这件事一定要文化先行，让参与者觉得我做这件事有意义，就还是有一个氛围文化，您看 2008 年对我来说还是任务，到现在，北京马拉松举办了 30 多年吧，大家对运动的认知也会不一样，不会那么看重结果，会去享受运动的快乐了。这种模式我觉得，不能直接灌输文化，还是要潜移默化、身体力行去做事情。

Q：好，那这次访谈就到这里，谢谢您的参与。

A：好的。

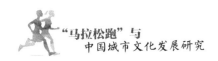
访谈编号：S04

访谈日期：2019 年 1 月 14 日

访谈对象：Qi

Q：您是哪里人？现在从事什么职业呢？

A：我是浙江舟山人，现在主业是酒店管理，业余马拉松跑者。

Q：什么时候开始跑马拉松的？第一次跑马拉松的经历是什么？

A：正式跑是 2015 年开始，第一次跑其实是半程马拉松，是因为有一个朋友的带动，当时在北京的南海，开始前还说跑 5 公里就行了，结果跑了 5 公里之后觉得好像那天状态还行，就想那再跑一会儿吧，跑到 10 公里的时候觉得也还能坚持，可能再跑会儿吧，跑到 15 公里的时候就想把它坚持下来，坚持完也很累，但是觉得好像比自己想的要好一点。所以就从那时起开始买双跑鞋跟着他们跑一跑。

Q：那除了朋友关系之外，跑马拉松主要的动机是什么呢？

A：我的第一个全程马拉松是在韩国的济州岛完成的。我现在大概基本跑量都是在 2000 到 3000 公里一年，还算可以吧，基本每个月就在 200 公里左右。但是跑比赛比较少，毕竟马拉松也是极限运动，所以我是认为跑步会让你的身体更好一点，生活质量会更高一点，更健康一点，而且跑步的时候会分泌多巴胺，会让你感到愉悦。但是比赛呢，毕竟要跑到相对极限，所以我一般控制在一个季度参加一次，相对来说我不会跑特别多，不像好多人一个月可能跑两三个马拉松，可能一年跑 20 个都是很正常的。

Q：你一共跑了多少次马拉松？都有哪些城市呢？

A：我到现在一共可能也不到 20 个。比如说上海、厦门、苏州、西安我跑过，也跑过北京马拉松。但厦门跑了 3 次，第一我觉得不错，第二在厦门当地有一个好朋友，他每年到这个时候都会组织大家去玩。我们大部分都在国外跑，所以我的理念就是说连跑带旅游，跑步看世界的那种感觉，而且我经常带着我妈，相当于"一举两得"了。所以我会选马拉松，一是看这个马拉松赛事本身的口碑，二是看这个城市有没有吸引我，最好是我没去过的，我感兴趣的。因为我对选择很注重，跑马拉松是把整个城市最好的一部分都"清空"，这一段时间完全都属于你们。像伦敦、柏林、纽约，市中心都给你封掉，然后再跑，这段时间这个地方就是你的，而且城市肯定都会把最好的一面展现给你（马拉松赛事是展示城市文化最好的平台，促进城市转型）。这是不跑马拉松很难体会到的。尤其选大满贯赛事的时候，不在乎你跑得快与慢，从早晨到下午一直到关门之前，沿途都是观众，老百姓给你加油助威。而且很多观众自发地从家里给你做点心，提供补给。

Q：厦门跑了 3 次的原因是什么？

A：第一肯定是赛事本身的质量好，第二是风景好，全程都沿着海边跑，相当于是一个折返跑，第三就是有一个当地的朋友，一个老大哥，他每年这个时候都会去跑马拉松，而且他年龄都已经 50 多岁了，所以说什么时候起步都不晚，这在很多人身上都验证过了。

Q：马拉松给你带来的城市印象如何？

A：我觉得马拉松基本能够跟这个城市整体契合，不管你跑不跑马拉松，整体还是比较契合的，反映了城市的特色、发展水平、人均素质、风土人情这些。

Q：那换言之，马拉松会不会改变你对一个城市的印象呢？

A：坦白来讲目前还没有，因为可能之前也跑得太多了，总体来讲可能选的都是相对口碑比较好的，所以基本反映了当地对外的一种形象或者风格。像上海、厦门这种城市都是给人很正面的印象，而且也都算是旅游城市，所以它的接待能力、组织能力，也都是很强的。

Q：那在你看来，举办马拉松等体育赛事与城市发展有什么关系呢？

A：第一可能跟城市整体和全国的跑步氛围有关系，第二可能也跟这个城市办了多少次马拉松赛也有关系，而且包括我们叫车过去吃饭呀，很多人会主动搭讪，当地的老板、出租车司机一看拿着东西跑马拉松的，就会跟你聊一些相关的话题，可能无形当中拉近距离。包括去吃饭也是，有些老板还说给我们加个菜吧，跑步辛苦了，这也碰到过。首先显而易见的就是经济影响吧，参与人员的衣食住行都要消费，设备与服务都要资金，还有赛事赞助、品牌营销也能带动城市经济，包括旅游观光，也促进了其他产业发展。还有就是促进了人和人之间的互动吧，参赛选手之间、志愿者员工和参赛者之间都会有交流，城市的文化就流动起来了。

Q：所以城市文化的特点还是会成为你选择的重要原因吗？

A：下一个目标其实是耶路撒冷马拉松，本身我们跑马拉松是次要的，主要还是寻找文化的感觉，到枯墙面前去看一看。

反正我自己肯定不会为了跑马拉松而跑，我一定会给它附加一些东西，比如说国外这几个比赛，除了济州岛，那是我第一个全马，也是我们全家人去那玩，因为不需要签证，然后正好一查那有一个马拉松，就跟玩结合在一起了，这是有一些契机的。其他几个国外的比赛，一个是属于大满贯赛事，第二个就是旅游，其实并不是跑马拉松本身，而是要有另外一个足够说服自己去的理

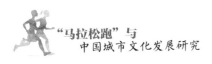

由。因为现在比赛的选择很多，确实有人给我推荐过双遗，但是因为我现在还有一些其他的比赛，而且现在跑越野赛可能更多了。

Q：今年你为什么选择厦门而没有选成都？让你这么久都还没有选择成都的原因是什么？

A：就是除了厦门有朋友以外，确实可能成都还没有一个特别的点能够把我的兴趣一下提起来。虽然朋友们都说赛道很漂亮，但是厦门也很漂亮，而且那边还有一个朋友，每年到这个时候就喊报名了，成都可能就缺少一个推动力吧。

Q：你去过成都出差吗？

A：特别多，对我本人来讲，我现在出差到"麻木"了。像最近我亲身感受就是我去退房的时候，他问我哪个房间，我可能会把我昨天那个房间号说出来。就一天一个城市的感觉，而且我对城市的差异性越来越不明白了，在机场就坐出租车到酒店，根本没有在城市逛。因为工作这么多年基本都是这种节奏。像我现在一年可能飞了有好几十个航班。所以说从另外一个角度来讲，城市本身越来越难弄出自己的特色。比如说美食，在北京也能吃到传统的川菜，在上海那天一个当地朋友带我去吃了北京的涮羊肉。所以现在城市融合度越来越高了。一方面要与城市特色融合，另一方面随着城市现代化发展，城市本身同质化越发严重。可能说到方言的时候感觉会强一点，但是真的上升到更大层面上来讲，现在大家的思维也都比较开放，包容程度也越来越高。厦门的老大哥就是福建漳州人，他被我们带着到北京到处找炒干吃，所以就是互相融合。

Q：那你现在对国内这么多城市争先恐后地办马拉松这个现象怎么看？

A：一分为二的。第一个就是和经济有关。办马拉松对当地经济来说有好处，你不办可能这个城市就好像缺了什么，包括我老家长春的马拉松会有央视直播，这也算是当地符合全民健身的一项活动。而且确实马拉松经济我还是很认可的，它会带动很多产业，你想一个马拉松几万人的规模，会带动很多，包括这次带了一个团队去，我去跑马拉松，把我的会议都放在厦门了，参会人员他们很高兴，都带着家属，一下衍生了多少人，所以肯定是拉动当地经济的。第一，符合全民健身的主题。第二，从经济层面看，确实很多马拉松只要办得好，口碑办出来了，盈利还是可以的。

Q：那举个具体的例子，你在选择上有一个排序，贵州毕节或者说云南腾冲这种三四线城市，但它很有特色，这种你愿意去跑吗？那和成都比是更愿意去这种城市吗？

A：坦率来讲，毕节还在我的选择范围之内，因为毕节有越野赛，在 4 月份，也就是百里杜鹃景区最漂亮的时候。像你刚才（提到的）有一点可能是我比较在意的，就是我要尝试没有体验过的东西。成都可能缺太多了，这反而变成这个旅游城市的一个弱势。我在北京这么多年，我一次都没跑过北京马拉松，因为我不是单独为了跑马拉松，我一定要附加一些东西进去。所以我就想投入回报比。我会坚持跑步，我会跟现在身边所有跑步的人，包括新加入跑团的人说，不一定要跑马拉松，但是可以长久跑步，而且一定要慢慢跑，不追求速度快，但要坚持长久点，比如我跟我身边这几个朋友就这样说，我们争取跑到 80 岁。跑步是一个会长久坚持的事情，这个我是深受其益的。

Q：你身边那些跑马拉松的朋友们的特征是什么？

A：要是从年龄阶段来谈，我觉得现在好像年龄偏大的人会多一点，二十几岁的很少很少，其实我们也聊过这个事，包括你看赛道上面，平均年龄都在 30 多岁，第一个原因可能因为马拉松是一个长距离的运动，更需要耐心，年轻人可能更追求短平快、更强的运动。而且年龄大的人可能更有耐心，马拉松讲究匀速，长时间地保持一个状态。年轻人可能缺乏这种韧性。第二个原因可能是年龄大的人身体问题会比较多，我上海最好的朋友就是高血糖，现在为了降血糖坚持跑步。他原先也不跑步，被我们带着跑一跑。因为跑步之后你的身体机能会改善，可能代谢能力会强一点，还有包括更严重一点的，像心理方面的各种问题，比如说抑郁，所以说年龄偏大一点，耐心方面更好，还能解决一些实际的身体问题。我觉得年轻人可能跑得少，年轻人首先是动力可能没我们那么足，而且年轻人现在有很多消磨时间的方法。并且跑马拉松也是需要经济支撑的，本地的还好，你要出去跑，机票、住宿、报名费，尤其像国外一两万的名额费用这些，所以说可能综合这些因素吧。

Q：那么就像你说的这种情况，你觉得成都这种地方特色的吸引性已经被你的工作所冲淡的情况下，他应该怎么去吸引你们？

A：举个例子啊，像刚才提到的马博会，其实就是一个非常好的场合去做宣传。比如，横店就有一个很小很小的马拉松，因为我们有一个朋友是在上海马拉松的时候，了解到横店居然也有一个马拉松，其实它就引用了影视、穿越的噱头，小册子弄得很漂亮，然后弄了一个公众号，只要你到那儿扫了之后就会给你推送。然后我朋友说咱们下一次去横店吧！坦白来讲，横店马拉松其实也并没有想象的那么好，但是因为有朋友提出建议，所以也就体验了一次。

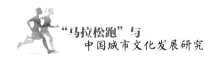
Q：在你看来，城市文化在马拉松赛事中扮演着怎样的角色呢？

A：其实因为你不是专业的运动员也不是晋级的选手，马拉松到哪里跑都一样，那本来就是种文化或者说旅游。

Q：好的，谢谢您的回答，今天的访谈就到这里。

A：好的。

访谈编号：S05

访谈日期：2019 年 1 月 14 日

访谈对象：Zhang

Q：您是哪里人？从事什么职业？大概是什么时候开始接触马拉松的？

A：我是甘肃人，在北京待了 20 多年了。职业是策展人。跑步其实是从 2014 年开始的，也和我的职业有一定关系。2015 年我跑了第一个全马，2016 年又跑了第二个全马。第一个全马是在博登湖，它是瑞士、德国和奥地利三国交界的一个湖，它那里的马拉松就叫三国马拉松，从德国出发，环湖一圈，再回到德国，那是我第一个马拉松，当时跑了 5 小时 45 分吧，后来第二次就是去的芝加哥马拉松，时间大概提升了不到 10 分钟。当时的目标是希望能破 5 小时，最后也就提升了几分钟而已，路程是一样的，都是 42.195 公里。但是芝加哥是从市里的北城绕到南城，一圈回来，在城市里边没有像在博登湖风景那么好。

Q：所以在跑马拉松的过程中，您更喜欢自然风光？

A：对，肯定是。其实好多人为什么跑一跑城市的路后就开始去跑越野跑，就是因为路跑一直是在路面上，可能对于一些追求速度的人来说，他的速度在不断地提升，他的乐趣就在于不断地跑步，成绩不断地提高，破 5 破 4 破 3，甚至更高，这就是他们的乐趣。但是对于我来说，可能更多的是过程中的感受吧。我对速度没有那么高的要求，只要安全完赛，然后在这个过程中，去亲近大自然，你不用想其他的事情，就专注于跑步这一件事情，放松、亲近自然。

Q：您是就当作业余爱好，还是说想有一个专业的想法？

A：没有，就是业余爱好。我 2014 年开始跑的时候，就是为了减肥，那段时间确实瘦得挺快的，后来 2015 年去跑全马的时候，其实有一点吃力，就是在跑全马之前应该先去跑一个半马，这样慢慢地进击，就不会那么痛苦，我去跑的时候，因为是 10 月份，那边挺冷的，但国外的补给又没有热水，我到终点以后太渴了，就喝了两杯凉水，喝完以后就吐了，后面三天基本是吃不了东西的状态，只能喝点粥，所以在那之前，应该就循序渐进一些。2017 年我因为身体特别不好，就停滞了一年没有跑步，加上吃药，整个人又胖了。所以 2018 年开始恢复运动，去跑了无锡马拉松。今年想再去挑战一下，今年就开始好好地跑一跑，希望能再跑一个全马，然后再去跑一个越野跑。其实我跑马拉松不多，应该加上无锡就 3 个吧。我不是属于跑很多马拉松的那种人，就博登湖、芝加哥，然后无锡。

Q：那这 3 个城市里最喜欢哪一个，为什么？有什么区别和感受？

A：对于我来说，博登湖和芝加哥感受都很好。这两个赛事又不太一样，博登湖因为是 3 个国家，到每个地方，他的补给服务和加油方式都不一样，每个国家的风景也不一样。你到奥地利的村子里边，阿姨会把家里做的蜜饯拿出来给你补给，很好吃。就感觉马拉松这件事，在那个城市里面是一件非常大的事，所有人都在给你们加油，而且景色非常漂亮，所以体验非常好，虽然很冷，那次跑得也很艰难，但还是觉得很好。然后第二次去芝加哥的时候，也是感觉这个城市的所有人都在为这件事情做准备。每个地方的加油方式也都不一样，在中国城看他们在那放国歌给你加油，然后到了韩国城，你就看他们用那种韩国传统舞蹈在那加油。那天应该是有 5 万多人去参加了这个比赛。你在湖边就能看到各式各样的跑者很早就在拉练了，那感觉就特别好。你每次跑过一个地方，人们为你加油的那份热情，体验也非常好。我在国内跑的无锡，一个是热情度可能给我感觉没有那么高，我其实感觉最明显的就是北京马拉松，北京马拉松是我们的竞标马拉松，参加的人也非常多，中签也很难，但是其实除了我们圈子里面的人，你会觉得这些事情与这个城市无关，只是我们圈子里的人在关注这件事情，就是城市的参与度不高。其实对于无锡来说，这是他们促进地方经济的一种方式，这个城市也是倾尽了很大的热情。包括西安马拉松都是这样，虽然我没有参加比赛，但是我看过这个比赛，城市的热情和参与度会更高一些。但是像北京马拉松这种，其实除了我们自己跑的人，周围好多人都不知道有这件事情。无锡马拉松会好一些，可能因为城市相对小一点，这件事情对这个城市来说是比较大的一件事情吧。我碰到一些无锡人，他们都知道无锡马拉松，所以可能越到二三线城市，这对于他们来说越是比较大的事。

Q：无锡马拉松是因为比赛比较少，所以市民热情度高吗？

A：其实无锡应该是有两场比赛，一场是无锡马拉松，每年 3 月份，属于规模比较大的比赛，来的人也非常多。今年应该是第 6 年了。其实已经成为无锡的一个名片了，对它的经济是有促进作用的，大家的体验度也非常好，我可

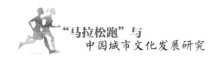

能是看过比较多的比赛吧，我们是对标国外的比赛，所以体验都比较好，报名的人热情度也很高。我知道他们去年基本上是 10 个里边能中一个人这样的一个中签率，说明大家的参与度非常高。而且无锡还有樱花这样的城市特色，其实大家愿意去参加比赛，基本上是因为那个城市比较有特色，就会去报名，热情度会高一些。比如说西安大家愿意去是因为它是一个古城，它有城墙跑，可能会有西北的一些特色，去那里体验美食，它也是一个旅游城市。像成都大家也愿意去报，也是去成都体验当地的城市特色，其实是运动旅游的一种方式。像重庆也有比较热门的比赛。但凡是城市有特色的地方，大家就愿意去。或者说像厦门马拉松那样，它在 1 月份举办，气候适宜跑步，包括无锡也是，3 月份的时候，天气也比较凉爽，大家的参与度也比较高。但是跑越野跑，大家更看重的是这个地方的一个体验吧，包括它的难度、人文、景色。崇礼每年有好多场比赛，大概 6 到 8 月份期间，就是跑步的比赛。冬天我们去崇礼滑雪，然后夏天就是自行车或者跑步比赛，就是因为景色特别好，海拔大概 1000 米左右吧，跑到最高的山时海拔是 2400 多米的样子，它有一个落差，植被也特别漂亮，天空特别蓝，有一点高原风景的特色。大家愿意去这种风景好的地方，因为你在那个地方能够安静下来，能看到美景。像北京的国际越野挑战赛，虽然在香山，没有什么特别的景色，但是因为在北京，参与成本比较低，所以我就参加了。

Q：您会因为一个城市选择马拉松吗？比如说您在报名选择马拉松的时候，第一考虑是城市文化还是其他的东西？

A：我可以从两个角度来说，因为我是这个行业的从业者，我们跟各个赛事公司有合作，所以不管是路跑或是越野跑，如果有合作的赛事我都会尽量去参与，即使我不跑，我也会去马博会看一看。但从个人跑者的角度来看，肯定是这个城市的文化有吸引我的地方，或者说有美食，我觉得为了美食可以过去体验一下，比如说无锡马拉松的补给里有一个特色就是青团，大家对那个青团的好评特别高，然后我们也会到城市里去吃这种小吃。另外一个可能是人文特色，比如，我喜欢看演出，那里也许会有一些特色的戏剧，我跑完步以后，就会去看一场演出。比如，去跑芝加哥马拉松的时候，我去看了百老汇，然后去看了一场电影，就是类似于这样的。其实是把旅游和马拉松结合在一起了，所以当地的人文、饮食还有景色这些都会对我的选择产生影响。或者是一个我没有去过的城市，哪怕是一个非常小的县城，我也可能会去参加比赛。就是不以城市的大小来看，但一定要有特色，我就有可能去参加。

Q：那假如成都跟北京的比赛有冲撞，您可能会因为什么原因选择其一，您第一考虑的是什么？

A：对工作的人来说，我首先考虑的是时间成本。我其实不是一个专业的跑者，有一些经常跑步的人，比如说他连续 9 年跑北京马拉松，那他肯定是选北京马拉松。包括像上海马拉松他们可能参加了 10 年以上，有一个终身号码，那可能为了这个终身号码，他肯定要参加这场比赛。每个人情况都不太一样，但是对于我来说，因为工作比较忙，那我可能就是考虑时间成本。在这种情况下，有可能就在北京，我跑一个就可以了。我不想再到成都去，因为时间成本太高，如果第一次出现这种情况，可能我还会由于机票都订好了，那就飞过去了，跑完之后赶紧回来，但是像这样的马拉松我可能只会去一次，我不会去跑第二次。

Q：那比如说您体验感很好的马拉松，会再去第二次吗？

A：其实马拉松和越野跑有一个区别，因为芝加哥是世界马拉松六大满贯之一，大家可能会为了最后的总奖牌就把这 6 个赛事都跑了。很少有人说再去跑第二次，当然也有认识的人，他这六大满贯都跑了两三遍，那是因为他是从事这个行业的。很少有人跑完再去跑一次，因为你再喜欢这个城市，但它毕竟还是在公路上，而且距离也没有什么变化。路跑最大的挑战来源于你对成绩的追求，越野跑最大的区别就是大家对成绩的追求没有那么高，最重要的是体验。所以我们比较少有人说再去跑第二次芝加哥马拉松，但是像 UTMB（环勃朗峰超级越野赛）这样的越野赛事我们这个行业里的人，或者说其他人，可能每年都会去。我今年跑 OCC 组明年跑 CCC 组，后年跑 PTL 组，就是会每年去一个地方，这是越野跑跟路跑不太一样的地方。

Q：您会不会因为一个城市办过马拉松而对城市形象的认知有什么改变呢？

A：嗯，这肯定会成为这个城市的一个名片的。比如说无锡，我最早知道这个城市是因为话剧《雷雨》里边有一句台词说："无锡是个好地方！"我只是知道有这么一个地方，但是因为他们有了这个赛事，我会一而再再而三地到这个城市来，而且我会真正地去体验这个城市，然后去观察这个城市，因为你用脚步去丈量这个城市跟你去坐车观光这个城市又会有不一样的视角，所以肯定会对城市有一个更深入的了解。我们所有参赛人到那儿去吃住，这么多人就集中到这几天，包括后续由这个比赛延展出来的一些半马的比赛，对整个城市包括市民，在加强运动这件事上有一个促进作用。特别是二三线的城市，我觉得就是因为它较小，所以这件事的辐射面就会相对来说较大。所以后面又办了蠡湖半马这样各种各样的再小一点的比赛，让更多的人参与进来。相对来说，对

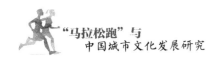
这个城市的健康、积极向上的状态是一个间接的促进（城市活力）。同时也会促进其他一些方面，包括接待能力的一些改进，就像我们第一年去的时候，整个大厅里的人都坐在那，没有地方坐，包括安检这些流程根本都进不去。但是之后，他们就会在这些环节上做一些改进，其实对城市的本身是有提升的，整个公共设施建设、城市的服务这些能力都会有一个促进的作用。

Q：您周边的朋友大概是怎样的生活状态呢？

A：从很年轻到很年长都有，我觉得可能中间力量多一点，特别是去跑越野跑的，因为其实越野跑是比路跑更花钱的，路跑可能适合入门，有一双跑步鞋，然后有一套运动服，就可以去跑，但是越野跑一定要有装备，这是很花钱的，现在我们这些朋友慢慢地都是跑完路跑以后开始集中跑越野跑，可能是一个进阶的过程。这部分人算是中间力量，大概30岁到40多岁。我们群里的那些跑友都是为了减肥，或者身体出现了一些状况，特别是像一些男生，可能有三高的问题，他应酬很多，有些人已经到了不得不减，马上就要出现生命危险的这种状态了，所以他们就开始去跑步。我群里边大概有不下10个男生，是从200斤减到140斤的。然后也有带孩子的，他们去跑步就是亲子活动，带着孩子和老婆一起去参加比赛，当家庭旅游的一种方式。也有夫妻俩一起跑的，但有孩子他们就会选择性地去参加，选适合家庭的这种比赛去参加，所以这也就是为什么现在有些赛事会有一些亲子项目，不管是越野或者是马拉松，都会有迷你跑，就是5公里，可以带着孩子一起去。

Q：您会在参加完比赛后去向身边人宣传吗？比如说会带着你的家人朋友一起去。

A：会啊，肯定会。如果有好的赛事，我会说你一定要去参加那个比赛，真的体验非常好，那个城市特别有特点，而且我的朋友也会经常跟我们推荐比赛。比如说有个朋友他去跑了布拉格马拉松，他是穿着汉服去跑的，他讲完以后就特别有画面感，他回来就说再也不要穿汉服去跑了，因为别人的汉服是做的那种透气性很好的，他是穿的那种特别厚的，他加了一块海绵，然后跑完以后那个海绵都干了，就特别热。但是他就会跟你讲，从老广场上穿着汉服跑姿优雅地跑过去，你立刻就有了画面感，就会想要去参加那个比赛，穿着汉服，从查理大桥上跑过去。所以朋友给我的推荐也会促使我去选择，这也是有影响的，我们也会因此去影响别人，其实跟旅行一样，你自己去跑步已经挺枯燥了，你已经可以自己和自己对话了，如果说在这个出行的过程中，你一个人去还是有一点孤单。大家一起去体验，还可以一起分享，所以一般都是结伴去参赛。

Q：您会觉得在这么长的路程中跑步枯燥吗？

A：其实刚开始跑的时候会有这种感觉，我跑第一个马拉松的时候就这样，我当时一边跑一边心里在想，我飞这么远过来，还这么冷的天来跑这个，好累。

Q：那您为什么会坚持下来呢？

A：就是你慢慢地会有愉悦感。我第一次跑博登湖的时候，我是倒数第二个到的终点，那里补给很丰盛，可以供我选择，然后我冲过终点，他会念你的号码，念你的名字，然后看台上还是好多人站起来给我鼓劲儿，所有人站起来鼓掌，在那喊"Bravo!"（好极了!），就在那一刻，可能你就会觉得前面这些都值得了，如果你训练足够，体验就会很好。第二次跑芝加哥马拉松，我就比较适应，在路上，每个人都说"Awesome!"（很棒!），你到终点以后也没有跑得很痛苦。在这过程中，还会觉得有一些兴奋，很轻松，所以体验就更好了。其实跑一跑就跟喝咖啡一样，是会上瘾的，每天你不跑一跑就会难受，觉得今天缺了点什么，而且跑的时候也会分泌多巴胺，所以慢慢地各方面状态都会变得很好，你就会坚持。有时候已经不是坚持，就是这件事情已经是不可或缺了，成为你生活的一部分了。

Q：那您会因为观众的热情选择一个马拉松吗？

A：这不能说是我选择的理由，因为观众热情与否毕竟是属于事后判断嘛，但确实是我决定会不会再次参与的重要因素。也有可能之前有参加过的人，会给你这样的反馈，他们说当地人很热情，但是其实这件事情你不体验，别人跟你说，你不会有很深的感触。那你去选择一个赛事，首先是有一起同行的人，大家可能比较容易促成这件事情。还有就是那个城市是我感兴趣的，我想去，基本上有这两点，我们这一次就能够成行。

Q：那再展开一下，如果您已经去过一个城市了，有没有什么因素会让您想去第二次，再去参加一次那个比赛呢？

A：除了前面说的当地人给我的印象，还有就是可能我会陪朋友去，还有一个就是那个城市真的特别有趣，我觉得可以再去，比如说我又想吃他们家的青团了，我可能会去，再比如说上次在那个城市听的戏我觉得很有意思，我可以再去，就是会有附加的东西。但是如果单纯的只是一个路跑，我可能不大会去。

Q：那么促使你选择或者多次选择一个城市马拉松赛事的因素是什么呢？

A：我个人的话首先是自然风光。除此之外，我觉得人文方面可能对我影响会更大一些。当然有一些距离近的地方，像崇礼，我可能每年都去，因为没

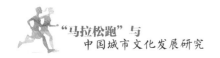

有太多的时间成本，很近，开车 2 个小时，高铁 40 多分钟就到了，那我肯定会再去。

Q：国内您有没有想去的其他赛事，就您还没有参加过的那种？

A：西安我是想去的，因为它有城墙跑，围着城墙跑一圈，其实挺有意思的，这个我就会想跑一下。我们都会想去体验一些没有体验过的事情，比如说我在北京，那时候我还没有参加北京马拉松，我会在国庆那一天从我们家跑到天安门去，然后拍张照回去。比如说像厦门我会觉得在海边跑一圈很舒服，我会去，然后像重庆是我自己喜欢那个城市，我觉得它是一个很有错落感的城市，我就会想去跑到山顶上看一下它的全景，肯定是有特色我才会去那边跑。

Q：您觉得国内外赛事，除了观众的态度，还有没有其他的区别？

A：我觉得有环境的原因，因为国内我暂时只跑了无锡，但是我去看过西安，无锡和西安就这两个地方来说还是有区别的。我在博登湖还有芝加哥跑，它的天很蓝，我在无锡跑，当时无锡天气已经很好了，但是我们跑的那天还是有轻度的霾，是阴天，虽然有樱花，但是天气是没办法改变的，西安也是一样的问题。厦门马拉松我没有参加过，但是厦门马拉松有那么多人报名，我觉得可能就是因为它的环境比较好。这就是跟国外的一个差别。

Q：那您觉得国内和国外相比，在过程当中的服务是国外会更好一些吗？

A：有两方面，一个是补给，国内已经算做得很不错的了。国外我觉得它的补给，首先就是能保证最后一个到终点的人还能有补给，其实是要有数据积累和办赛经验才能做到这点。还有一个就是你能让这个城市里的人来关注这件事情，其实芝加哥的人口也很多，但是它能做到让这个城市的人，就把这天当过节一样，大家一起来看这个比赛，大家都会很尊重跑者。国内这两年慢慢会好一点，大家的观念慢慢会转变。其实跟我们的意识是有关系的，也跟经济基础有关。

Q：您觉得国内马拉松有没有什么做得不好的地方？

A：其实就是我刚说的这个城市的参与度没有那么高，还有就是在于经验吧。其实有疏漏的地方，都是因为经验，你没有数据的支持，包括我刚才说的北京马拉松跑到最后可能就没有补给了。还有环保意识需要加强，但是我们现在慢慢地都在学习，日本选手去跑 UTMF（环富士山越野赛），他们上山前是要把鞋底都擦干净，不要把外面的物种带到这座山上来，你不能使用登山杖跑步，因为会戳坏植被，也没有纸杯，每个人都有个折叠水杯，所以我们后来也做折叠水杯在 TNF（越野跑）的时候给大家发，就是尽可能地减少对环境的负担。路跑的人在这方面的综合素质就会参差不齐，但是到越野跑，就会逐渐地改进，去跑越野跑的，大家至少有一个意识就是不要给这个环境增加负担，把自己的垃圾都带走，这是最基本的。所以每年我们都会组织活动去山里捡垃圾或者在赛事上力所能及地带回来一些。

Q：那谢谢您的配合，本次访谈就先到这。

A：好的，不客气。

访谈编号：S06
访谈日期：2019 年 1 月 15 日
访谈对象：Wang

Q：您是哪里人？从事什么职业？跑龄多长呢？

A：我是唐山人，现在定居北京。目前是产品设计师。我是 2014 年开始跑步，到现在有 5 年了。

Q：您是因为什么原因开始跑马拉松的呢？

A：那个时候我有 200 斤，因为跑步之后有了一个很大的改变，你会发现换一种生活方式，其实没什么问题。有很多人会待在舒适的氛围中，很难去突破一下自己，但是到了跑步圈以后你会发现跑步圈里的人有一个特性，愿意冒险，愿意体验更多的东西，而不是在舒适的环境中呆着。其实越在这个环境里待着，人是越没有改变的，我最大的改变是从开始跑马拉松之后，我就没有再去过那种喝酒唱歌的场所。因为我觉得那已经完全不适合我了，我也不喜欢了。现在回想 30 岁以前的时候，那些生活方式你会觉得一点意义都没有。我当时的具体目的很简单，就是追求我老婆。

我那个时候做房地产策划，体重 200 斤，成天加班熬夜，但是我也没认为自己有多胖。当你碰到想要追求的人的时候，当你发现了这件事情后，你会觉得自己原来太差了。我减到最轻的时候是 157 斤，就是平常跑步，健身房我都很少去。如果说你来健身房这种地方就是要专业训练，比如说我想达到 3 小时30 分的成绩时，一定要来到这种地方进行专业训练才行，像我们是属于不追求成绩的，我跑每场马拉松，不是为了要去刷一个好成绩。我在国外跑马拉松的时候，我最大的乐趣就是跑完之后拿着啤酒坐在终点边上，看着后面那些人过终点，上了年纪的老人，或者身体有残缺的这些人都在坚持完赛，那时候会让你很感动。

其实我们为什么会去很多城市跑，实际上第一个是感受各个城市的风土人情，因为我当年做活动或者做地产策划的时候，其实那些城市我都去过，但是我没有多少感觉。因为你去的目的就是工作、出差，工作完成之后基本就走

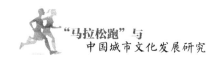

了，没有说把自己放下来，慢慢地去感受这个城市，几乎没有。你对这个城市是没有印象的，但是跑步确实是一个很容易去体验一个城市的方式，不光是这个城市的风景，更重要的是住在城市的这些人。其实吃、住、行这三方面，在跑步运动里边就是3个基本元素，但是最大的一个根本其实是人。如果赛道上没有那么多热情的老百姓，那这个赛事我参加过一次之后不会再去了，就算这个赛事的主办方做得再好也没有用。全世界最好的马拉松，就是所谓的世界六大马拉松，为什么每年报名的时候，全球几十万的跑步爱好者都去报名，就是因为那条赛道在你跑的同时，会有上百万的人在这条赛道上给你加油。因为整个城市在比赛那天就放假了，你能看到老百姓坐在马路边，一家人搬个小马扎，弄个桌子，就跟野餐似的，他是在你跑步的过程中，把自己的生活方式给你展现得淋漓尽致，你可以去他边上喝杯水、喝杯啤酒、吃块糖，都没问题。他能把人和人之间陌生的距离一下拉近。我们国内的马拉松，其实未来也会这样，因为我们毕竟要有跑步的基础，这个人群太少。其实很多运动不是让你一定去拿冠军站奖台，它是一种生活方式，这种生活方式可以从小培养，让你有一种不放弃的精神。马拉松跑步就是不要放弃，你以为你跑到了一个极限，但实际上只要坚持下去，会发现你会更强（马拉松精神）。

我是2014年开始跑，基本上每年是10个马拉松。但是我跑到2017年之后，就开始慢下来了，因为我觉得已经把一些大城市有特色的马拉松都跑过了。你像国外的六大马拉松跑了4个，连续跑了5年，上海、深圳、广州、重庆、成都的马拉松我都跑过了。我还跑过冬天的马拉松。现在如果让我去选择跑一个赛事的情况下，城市马拉松对我来说已经没有任何意义了，吸引力已经不足了，除非说它是一个群体性的事件，比如说像我身边的所有人，大家一起商量好了我们再去跑马拉松，这样我有可能会去。只有北京马拉松我是每年一定会争取去跑的，因为在天安门集结唱国歌，出发之前唱国歌很热血的感觉，一年一次还是很有吸引力的，至于3分钟一过，之后那条赛道对我们来说已经很熟悉了，跑了5年。其实同样一条赛道跑了5年，但是每年都会出现不同的状态，这不同的状态是从哪里来？就是因为可能这一年训练少了，工作多了，打破了平衡，因为一个好的习惯就是你的训练不能丢，你的工作也不会耽误。实际上这个平衡点是能做到的，很多人都可以做得到，只是很多人不愿意去尝试，因为这个尝试是很苦的，因为你要把很多业余爱好，比如说看电影、聚会、喝酒、逛街的时间全部扔掉。

我具体给你讲讲双遗马拉松吧，我连续跑过三届双遗，双遗马拉松是我很喜欢的赛事，为什么呢？2015年我第一次去的时候是9000人的规模，但实际上只去了 7000 人，7000 人中大部分是各个跑团。主办方邀请跑团来的，我们当时也是被邀请过去的，因为大家都认识，属于一个交流的氛围，但实际上那个城市是很陌生的，城市里的人对这么多人也是陌生的，比赛的时候，很多老百姓都不知道为什么这么多人跑到这儿去跑马拉松，去跑步吗？有奖金吗？能得第几名？其实你看就老百姓这几句简短的话，已经反映了我们对体育运动的理解方式。但是到了第二年，老百姓出来的人多了，再加上政府的一些推广和协调，很多饭店、酒店在那个时间段都会把这个赛事的接待做得更好一些，有的饭店专门挂了一个横幅来迎接马拉松参赛者，你去吃饭的时候，会有折扣。其实这些对于外地去参赛的人来说是一个好事儿，因为有那么一点就是所谓的优惠条件的时候，我们就会很感激。实际赛事方只能把这条赛道做好，赛道之外的东西完全是靠当地的老百姓，各行各业的包容度，其实这个至少要占 50％ 的口碑。第二年给我感觉当地的老百姓开始理解这项运动了，等到第三年再去的时候酒店价格涨了，因为马拉松这项运动成了都江堰旅游淡季的一个顶峰，因为规模已经达到将近 3 万人。最明显的一件事情是第三年的时候所有的酒店、民宿全部爆满，没有地方住了，有一个万达广场紧急调了 3000 顶帐篷，放在了广场，所有的参赛运动员，你只要凭着号码布就可以免费住帐篷。马拉松最大的一个优势在于它就是一个自媒体口碑的传播阵地，你如果做得好，几万人帮你瞬间传播，其实这是一个关键点。很多赛事之所以做不好，因为他们把所有的关注点只投入到了赛事上，恰恰赛事只能占 50％，剩下的 50％ 绝对是靠这条赛道的老百姓及城市的包容度，靠老百姓的理解来完善。

东京马拉松号称是所有人都要去跑的马拉松，就是因为东京马拉松的后半程沿街几乎是属于人挤人，全都是老百姓，他们拿着自己做好的各种小吃在路边等你过来吃。赛道两边全是老百姓给你加油，甚至赛事主办方都不需要设补给，老百姓那些东西就足够了，根本就吃不完的。东京马拉松办了七届的时候就成为六大赛事。如果说只是一个赛事主办方来做的情况下，耗费的资金、人力都太多了，老百姓出来给你鼓掌的情况，你花钱也请不到。但是人家的运动为什么能做到那个级别，就是因为跑步是他们的一个全民运动，他们从小学到中学到高中到大学，所有人都会接受跑步这件事情。所以说在日本最有名的马拉松赛事不是东京马拉松，日本境内接受度最高的是箱根驿传接力赛，于 1920 年创办。跑步文化真的是需要用两代人三代人去改变，我们才可能呈现出来。我们目前为止能做到这个状态的是武汉马拉松，武汉马拉松的口碑真的是全国所有马拉松里我认为排第一的。我第一次去武汉马拉松的时候被震撼到了，这可能跟武汉人的性格也有关，第一届就有政府的大力宣传去组织，赛道

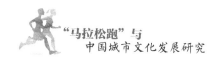

上全是人，而且武汉马拉松是把整个武汉城市里最美的一条路线给你规划出来，跑马拉松的时候，你会经过长江大桥，也会经过黄鹤楼，最后进入东湖最美的绿道。我跑了30多个马拉松，第一次看到在东湖绿道那一段将近有20公里，50米一个警察，因为确实为了防护安全，两边都是红的。那种感觉就是一个政府供应这么大的力量，为了保证参赛者安全、顺畅地跑完，我觉得作为一个参赛者，对此一定会感恩的。所以说我们会不停地去夸它，我们会在朋友圈、跑群跟所有人说，如果你要跑马拉松一定要去武汉。因为武汉马拉松做到了六大马拉松的服务级别，真的是做得最好的。

现在对我来说，一个城市马拉松能吸引我的，比如说绍兴马拉松，我有可能会去跑，绍兴是一个老城，这个马拉松赛道，它要跑很多条，就像双遗马拉松会路过文化遗产，我们要跑两大文化遗产，绍兴马拉松是属于一条40多公里的赛道，能跑几十座桥，就这个体验我一定会去。我觉得当未来跑步的人越来越多的时候，马拉松更多会下沉到三四线城市，为什么呢？因为三四线城市会有很多地方特色，比如说国内现在不也有个中国大满贯嘛，他们去跑大城市其实都是为了这些荣誉去的，但是我觉得对于最初跑步的一些人群，一定是要体验不同的马拉松。我跑了几个特色的马拉松，国外我跑了一个三国马拉松，一条赛道，从德国跑到奥地利再跑到瑞士再跑回来，风景非常好，赛道上也没有多少加油关注，除非你路过村落的时候，村里的人会在路边出现，而剩下的很多路段其实也没有什么人，但是你跨越了3个国家。国内之前有一场马拉松叫"中俄跨境1+1马拉松"，这个我也跑过，就是两天赛事，第一天你在国内跑一圈，跑完之后出境去俄罗斯，到第二天你再跑一个俄罗斯的马拉松。因为国境线是挨着的，现在那个赛事应该取消了。每年1月1号的时候有一个中国东极冰上马拉松，在乌苏里江上跑，跑一圈，我当时跑了七个半小时。那天还好没有什么风，气温零下27度吧。无锡的赛道其实一般，但是无锡的赛事方、运营方把赛事做得很好，无锡赛事的运营方是很强的，那个运营方做的西安马拉松，第一届口碑就很好，那个运营团队懂得怎么去做，让这些参赛者能有更好的体验，之后才会有好的口碑，这个运营方式很强。其实就是这样，一个好的团队，一定是经历过几年，有了足够的经验，才会有提升，他才能做出最好的赛事。

Q：最吸引你去参加某个城市马拉松的是什么？

A：我觉得第一是这个城市的文化，赛事运营方算第二吧。因为对于我来说，一个城市的文化如果不打造，我去跑马拉松就没有什么了，因为我本身是做体育文创这块的，所以我一定会注重这个赛事所呈现的文化。我给你们讲一个越野赛，因为环勃朗峰最早的时候是一个徒步路线，但实际上他们真正的大收入是在冬天，因为是滑雪圣地。夏天反而收入少，但是一场越野赛就把这个问题全部解决了，UTMB 有 5 个组别，大概不到 8000 人的赛事，但是有将近 10 万人去。比如，咱们都是好朋友，你去比赛我们仨可能都会跟着去，因为很多赛事它是需要有亲人补给的，它会专门有亲人补给站，那自然而然我一定会带着自己的亲人去，全程可能 10 个补给站，有 2 个是专门的亲人补给站。在跑个几十公里的时候进到补给站，你见到自己的太太，见到自己的孩子在给你做补给的时候，那个疲劳感一下就过去了。一个人参赛，拖家带口全来了，当地收入是比较大的，本来一间房现在变成了两间房，其实也是个经济学。如果说我们这一代人不坚持去做这些体育运动，不把这件事情推广起来，不坚持做下去，下一代人还会从小孩就开始玩手机、玩电脑。但是智能设备到了体育领域能提供给你更专业、更安全的体验。

Q：如果您在这个城市体验过很有文化氛围的马拉松之后，您再去旅游，会不会选择那个城市就不只是为了马拉松？

A：会啊，而且我去一个城市的旅游方式是属于慢下来的那种，我会像当地的老百姓一样慢慢悠悠地按照他们的生活方式待个几天。其实最好的旅游点是用当地的生活方式去带动旅游才对。每个城市都有每个城市的生活方式，都不同，那我们可不可以用生活方式带动旅游这个点？我去成都就喜欢去茶馆、去老店，跟着人家打麻将喝茶，我就觉得这个体验很好，因为这样我才能真正地体会到当地的人文生活方式，我才会对这个城市觉得更亲切。

Q：那在您看来，马拉松对城市文化有什么样的影响呢？

A：办马拉松的城市，首先城市形象是走出去了，但是办得好就是好形象，办不好就会留下不好的印象，这是把双刃剑。

Q：您认为是不是任何城市都可以举办马拉松？

A：正常来说是对的，我们任何一个城市都可以办马拉松，一个乡村都可以，或者说半程马拉松都可以。在瑞典的哥德堡，有全球最大的一个半程马拉松，8 万多人参赛。就是从早上七点开始发枪，一直能发到晚上去，一直有人在跑。纽约马拉松我也跑了，早上七点第一枪，但是我那年跑的时候有 7 万多人，等我跑的时候都已经十一点半了，它是分枪跑，20 分钟一波，我从七点等到出发的时候已经十一点半，我再跑，人家冠军都跑完了，我们还没出发呢。但是你一定会去参加那个赛事，因为很简单，那一天城市都为你开放，所有的人就跟放假一样。还有夏威夷马拉松，24 小时关门，早上五点半发枪，那么好的风光，特别适合很多人去跑第一次马拉松，因为没有关门压力。我们

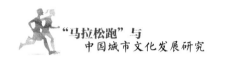

很多人都是选择夏威夷马拉松当第一次马拉松，因为不想有关门压力嘛，怕自己跑不完，我们就跑的那个。我有一个四川的好姐妹，她就是跑到一半的时候累了，还没到补给站，她等于在两个补给站中间，她累了就去路边坐着，喝着茶吃着小点心，吃饱喝足了出来接着跑，这种马拉松，每年也有四五万人去，没有多少人去跑成绩，他只是为了享受那一天。

其实我建议没有做过马拉松的城市，先要树立好自己的文化价值，我的地方特色到底是什么？反正文化一定要做足。绍兴马拉松我跟赛事方是有合作的，我说你的赛事最大的特色就是今年我跑 50 多道桥，明年我可能跑 60 多道桥，那未来有一天你的那条路线可能跑 99 道桥。如果说你按 5 年一个规划这么去算的话，那我相信对于我们这种老跑者来说，我们一定会追这个赛事。我不会再去考虑这条赛道美不美，因为老跑者 4 年过去了，该跑的地方都跑过了，你怎么去吸引这些人再来跑。其实以后三四线城市的马拉松会更频繁，人会更多，所以三四线城市，没有做马拉松的一定要花心思去做，为什么？因为新的跑者都会去大城市跑，只有我们这些老跑者才会去跑三四线的城市，恰恰这些人是引领后来的人去跑，如果你做不好，没有足够的精彩之处，那就不会带动当地的经济发展。跑马拉松的这群人慢慢会跑三四线城市的特色玩法，会转到越野赛事。2018 年以前，国内的越野赛基本上能有几百人就已经不错了，但是从 2019 年开始很多越野赛事已经开始突破 1500 和 2000 人了，崇礼 168 和高黎贡山这两个最有名的赛事，全部突破 5000 人。

Q：您认为一场成功的城市马拉松，应该是什么样子的？

A：如果说都是城市马拉松，那你跟其他城市的马拉松有什么区别？怎么能把你自己城市马拉松的这个赛事、赛道、文化体现出来？未来三四线城市要做马拉松一定要想好自己做的是什么，千万不要上来就宣传最美的赛道、最强的补给，这些没有意义，所谓的最强补给都是官方花钱做的。真正的最强补给是老百姓站在赛道上拿出自己的东西来，那才叫最强补给，那是跟人有关系的。

Q：身边跑友的特点？年龄段？

A：现在基本上来说是 40 岁左右。这个人群是 35 岁到 45 岁之间的，我们要去感谢这帮人，因为这些人在有资金、有时间的情况下，去国外参加比赛，把国外参加比赛的体验带回来，才会有国内不同风格的赛事体验。不然千篇一律是没有意义的。我身边的 90 后或者 85 后，这些人还在追求成绩，他们训练很刻苦，每个月跑个三五百公里，每次一定要跑进 3 小时，这是他们的目标。年轻体力强，接受一些好的训练方式，追求成绩，这无可厚非。每个人追求方向不一样。

访谈编号：S07

访谈日期：2019 年 1 月 15 日

访谈对象：Liu

Q：您是哪里人？从事什么职业？什么时候开始跑马拉松的？

A：我是北京人，现在是公司主管，我其实是 2016 年开始跑马拉松的，主要是那时候掀起了"马拉松热"，大家觉得是一种时尚。

Q：您第一次跑是在哪里？决定跑马拉松的原因是什么？

A：就是北京嘛。我朋友老王就是 2015 年开始的，他跑了大概有两三个全马以后，我跟着凑热闹，就跟他一块跑。第一个跑了兰陵马拉松，跑完很痛苦，觉得挺难的，但是跑着跑着又觉得挺喜欢跑完以后的那种愉悦感。跑的过程中觉得这么难、这么艰苦，还有一系列的不适应，跑完以后就无比愉快，无比兴奋，因为多巴胺的分泌。就这样开始了，完了就一发不可收拾。

Q：您一共跑了多少场马拉松呢？

A：我们俩（夫妻）要是合起来，那应该有七八十个了吧！你没到我们家来，我们家有好多奖牌。我跑了有 3 年多快 4 年了。最近好像冷静了一些，理智了一些，刚开始的时候那种狂热，好像一发不可收拾的那种感觉，就是哪儿有马拉松都报，就到处去找，到处去报，那时候一年差不多最少得有 12 个，就是一个月一个这种节奏。后来就这两年，因为属于比较成熟的跑者了，就一年选择几个，比如说认为赛事组织比较好的，对哪个城市比较感兴趣的，或者是说已经去过的再去探索新的，就有选择性地去选择一些赛事。

Q：选择目的地的时候考虑的因素，城市文化会不会算作一点？

A：应该也是。其实你们提到的城市文化也是多方面的，特别咱们国家现在还强调文化自信，很多我们老祖宗传下来的文明都在各个地方体现出来，很多文化都是，比如说四川有三星堆，我们也都去看过。各个地方有各个地方的一些特色，其他都是一些文化底蕴的表现，反正每个人参加某一个城市的马拉松，他的侧重点可能也不太一样。当然我们一般到那个地方也会去看看博物馆，因为博物馆就能体现当地城市的一些历史与特点。你像咱们去美国纽约也是要去看博物馆，去看一看纽约的市政建设什么的，这是一个方面。还有就是可能有一些特色的东西，比如说成都，当时我们去跑双遗马拉松，就是从都江堰跑到青城山，觉得环境比较优美，自然风光也比较迷人。一般可能就考虑这些，还有比如说有些人比较喜欢特色小吃，反正就是侧重点不一样。我们刚开

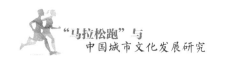

始跑的时候，就是因为跑得少，所以没有选择，比如说你都没有感受到所在城市的文化或者城市的马拉松氛围。你跑得越来越多了，就能有一点积淀了，那就会有些选择了，比如说去过的地方我可能就不会反复去。除非北京马拉松，因为离家近。但有些地方就很远，我既然第一次去了，我还有很多没去过的地方，那我可能就要再了解更多其他的地方，所以就会有选择。刚开始是根据时间和自己的安排。也会考虑到一些赛事公司它本身举办的一些比赛的质量，它的一些人文关怀，它本身的口碑等。

Q：参加完马拉松赛事之后，对城市的印象会有所改变吗？

A：其实国外的六大马拉松赛事，现在回头来看，有些组织水平和服务真的不如国内一些地方，你比如说这次我去柏林，其实当时我对德国的印象还是很不错的，包括它的发达工业、工匠精神、精益求精、关注质量，这些我觉得印象都特别好。但到了柏林我觉得就颠覆了我对它的认识。它举办的马博会，比较粗制滥造，就包括给大家提供的马拉松的一些服装与用品，质量低劣，所以我在柏林一件衣服都没买。我觉得可能跟当地城市的投入也有关系，反正我觉得特别失望。柏林的赛道就是坑坑洼洼的、不整齐，其实这就让我对柏林有一些颠覆性的认识，我就把德国重新看待了一下。这是我对国外马拉松的一个印象。

Q：有没有体验感非常好的城市？

A：反正北京马拉松我倒是觉得越来越进步，因为北京马拉松我已经跑了4年了，连续4年都在。第一个全程马拉松就是它，这4年都在跑，当然对北京应该是比较有感情的，也是相对了解。当然对马拉松本身的了解其实也不是很多，我觉得2019年北京马拉松的组织，应该还是有很多的进步，从赛道的组织、赛道的关怀以及补给、跑后的关心关怀等，我觉得都还是可以。

Q：除北京之外呢？

A：青岛也去过，青岛马拉松总体来说也还是不错的。还有就是西安马拉松，其实西安很不错，首先是从它的文化来讲，它是一个十三朝古都，是一个很有文化底蕴的城市，所以从它组织马拉松这块儿来讲，其实也体现了它的历史，它有一些历史的韵味。比如说它对马拉松跑者的关心，和它对人们的一些安排，这个考虑得比较周到，西安这点做得还是非常不错的。所以对西安的印象还挺好的。

Q：跑过马拉松之后会不会影响到第二次旅游目的地的选择？

A：这是有的。我也跟他们好多人讲，我就觉得其实每次你要是以马拉松的名义到一个城市去旅游，应该是一个最好的切入点，因为任何一个城市举办马拉松，都首先会选择自己城市最美的季节，再一个它的路线设计，会尽可能地把自己城市的文化与风光，都通过 40 多公里的赛道体现出来，所以一般城市组织一个马拉松，会用尽心思去琢磨这些。所以以马拉松的名义去旅游，其实是一个非常好的点。但是你毕竟是匆匆而来，匆匆而去，可能了解的并不是那么充分，那我这次去了有个特别好的印象，可能今后会更深入地去旅游。有的时候想去参加一个马拉松，也是因为其他朋友的口碑，就曾经有人去过回来会说那个地方特别好玩，那就会吸引你，觉得我是不是也该去一趟，去看一看，也有这样的影响。

Q：您怎么看马拉松对城市文化的影响？是否会提升城市文化给人的印象？

A：可能这个跟城市本身与城市管理者的理念也有关系。其实现在好多城市希望通过马拉松来宣传自己，比如说我这个城市的一些名片，是不是通过跑友就宣传出去了。还有就是它其实也是拉动经济的一个手段，你来了这么多人，包括衣食住行，会拉动城市消费。我现在的体会就是任何一件事情，你只要做好，它会辐射出去，这条供应链上，只要跟它有关的地方，其实都会带动它的效应。包括跑步，你觉得跑步是一个很简单的事，但是真正的跑步运动，会带动整个产业，首先你得穿跑鞋、运动衣，然后装备、手套、帽子、围巾、眼镜，这一系列都带动很多制造商，还有媒体宣传、广告公司、饮食、交通、住宿一系列，围绕着跑者，包括防晒、化妆品，其实它带动的是整个经济产业，还不光是某一个项目产业，它是整个全方位的产业都能带动起来。

Q：马拉松能够提升城市形象吗？

A：其实也不完全。任何事物都是有两面性，任何一件事得看这个人的出发点是什么。所以不要小看马拉松赛事的组织，它特别影响城市的形象，所以不要轻易地举办，一旦举办一定要十好。

Q：好的，谢谢您的参与，本次访谈到此结束。

A：好的。

访谈编号：S08

访谈日期：2019 年 1 月 15 日

访谈对象：Li

Q：您是哪里人？现在从事什么职业？从哪一年开始跑马拉松？

A：我是北京人，现在是在一家公司做管理，我个人爱好是跑步，目前也是一个跑团的团长。我之前在北京航空航天大学读书，2016 年成立了一个跑

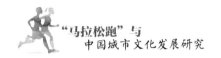

团，因为我现在在北京航空航天大学校友会，2015 年的时候校友会组织了一个运动相关的协会，下面有 6 个组织，跑团是其中的一部分。我个人本来是打篮球多一点，开始跑步以后就把其他的俱乐部全删掉了，跑步确实很有魅力，我现在还是非常感谢身边那些跑步的朋友，这些都是跑马拉松的感受吧。在 2016 年，当时是一次偶然的机会，就参加了一次社会性赛事，觉得还挺有意思，回来以后，就感觉我们团队的成绩不太好，我就拉出来一些喜欢跑步的团员，大家就开始去进行一些入门级的训练，谈不上专业，但它是一个相对专业的模式吧，我们只有自己去请教练来做这件事情，累计下来的正式会员有 170 多位，然后加上一些群里面的爱好者和围观者，大概有三四百位，这是我的一个俱乐部，北京像这样的俱乐部大概有 25 个的样子，我们下面有一个 B20 的联盟，所以我们现在也是很想在这个大环境下面共同进步。

Q：您呢？您自己也跑吗？

A：我是跑团的服务员，因为常年有伤，所以说目前处于一个赞助商和服务员的地位，但是我现在跑马拉松还是属于玩比较多，一年大概四五场。

Q：那您自己跑马拉松的时候有没有印象比较深刻的一些经历，城市的文化对您的影响大吗？

A：我个人觉得马拉松的魅力在于你可以通过一场马拉松去一个以前没有去过的地方，然后你可以听到别人的欢呼声或者是笑声，这也反映一个地方的人文风情。比如说到东北跑和到重庆跑，就会换一种喊法，每个地方的风俗人情也是不一样的。我自己也是最近在琢磨怎样去引领大家跑马拉松。我觉得每个城市都有特点，但是如果纯粹说一个马拉松能打动我的地方，我更喜欢一种没有见过的城市风格，我个人也跑了 3 场大满贯的赛事，纽约、芝加哥和柏林，确实国外的马拉松历史更久远，文化可能更丰富一点，整个城市给你的那种新鲜感更强一点。国内我跑了大概有 4 年的北京马拉松，我对北京马拉松很有感情，因为每年都可以从自己家门口跑过，包括一路上有孩子出生的医院，还有一些天天生活的地方，包括你会想一会儿跑到谁家了，他会不会在楼上看我们，弄点什么东西下来啊。厦门马拉松我也跑了两届，今年因为种种原因没去，这些都是中国比较顶级的项目。上海马拉松跑了一届，上海马拉松那年太冷了，赛道还是蛮好的，我印象最深刻的一场，趣味性很强。跑了之后第二次去会有一个比较熟悉的感觉，你跑到某些地方会觉得，哎！这个地方上次没有注意到啊。上一次我跑的时候是 4 年以前，中间间隔了一年，那时候会感觉厦门那个城市很暖和，我是从北方过去以后很不适应，所以那场跑得一塌糊涂，后来我与厦门大学的户外俱乐部交流，跑完了以后他们有专属的拉伸区域，有专门的人去给你送些很有当地特色的东西，包括赛道补给上也有很多特色的小吃，给我印象还是很温暖的。我对那年厦门马拉松印象特别深刻，跑的成绩还可以，整个的体验是非常好的，我们还到那儿的一个饭店，去看看鼓浪屿，然后吃美食，个人觉得这个城市的文明程度和友好程度很高，另外它的基础设施确实比很多小的城市或者很多马拉松赛事要好那么一点点，可能也是因为朋友们的热情吧。

Q：您跑马拉松，选择地方的话会把文化作为选择的重要因素吗？

A：做选择之前其实这方面考虑得不多，因为我觉得文化是需要体验的，我不去那儿的时候我是不知道这个文化的。比如说我第一场马拉松其实跑的是一个半程马拉松，我第一次抽中签去跑马拉松，是吉林市马拉松，一开始我觉得反正抽签也不会很麻烦，就去跑了，那个朋友他是全程马拉松的"兔子"（俗语，指马拉松的配速员），当时正好约着一块儿去跑，跑的时候就会发现那个城市很好，因为我有同学在那边，有很多好吃的，带我们去松花江，连吃带玩，招待得非常好，回来以后我又喊我的朋友过来，大家一块儿去江边玩，最后才知道那个城市很有魅力，松花江整个在城市里穿过了 50 公里，有种很滋润的感觉。一个城市跑完以后你会发现，这个城市如果不是因为马拉松，你是不会来到这个城市的，所以你要说因为某些因素去选择一个城市的话，我反倒更愿意去说是哪个时间合适我就跑哪个，以此来了解这个城市，我没有刻意地要去哪里，但是我会在一个城市里约自己的朋友，让他们带我去他们认为比较地道的地方，或者说我也会自己抽时间走一些小巷，去看一些当地人的生活习俗，尤其是看一些跟我们原来自己所想象的不一样的东西。

Q：我想问一下，您现在选马拉松是看到哪个中签了，就去那个城市，而不是说刻意地因为喜欢这个城市的某些方面，才去报名是吗？

A：也不能完全这么讲，是因为现在马拉松赛事多，我想今年要去，那么朋友的推荐我就把它作为一个备选，我如果没有中签，但是这个月又空出来了，我会选择越野赛或者选择其他的赛事。有些新的马拉松赛事不断地在宣传，你会看到它的宣传做得很专业，或者说一个城市你很有兴趣或者正好有时间了，你就会报一下，包括我今年也报了一个小城市的马拉松，跑了之后觉得挺有意思的。另外，我们跑团今年推出了一个推荐赛事，其实我们不希望所有的朋友或者俱乐部的会员，盲目地去报一个马拉松，我们有个执行团长，他是研究赛事的，他一年从 4 小时跑到 2 小时 50 分吧，他练得很狠，也很有兴趣，然后他就选出了一系列赛事，制订在我们跑团的计划里面。我们推荐会员按照我们列的类似比赛去跑。第一，我们可以尽量集中这些人在一起。第二，在一

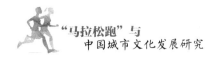

起大家可能玩得比较开心。然后就是我们可以尽量把大家的时间更科学地分开。我之前发现有人跑伤了，一个月跑 4 场，最好不要这样。第三，尽量去引导大家参加一些更好的赛事，我们一年列出大概有 30 多个赛事的一个小体系。其实我们俱乐部在做这个事情，想把这个推广到整个北京，让大家尽可能集中去形成一定的规模效应或者优势。因为我觉得跑步这个产业很大，我们这里讲的俱乐部它就是一条线，但是你自己是不够的，你一定要有赞助商，有赛事，有训练，甚至包括治疗这块康复医院的体系，你要连成一个生态循环，这样你才能达到这种效果。至于说一个地方的文化，我可能会选择主题马拉松，比如，现在有很多的啤酒、红酒马拉松或者水果马拉松等，比如哈尔滨就有各种吃喝的活动，这其实是卖点，但是如果说两者兼顾，既有一个城市的文化底蕴，又有一些主题，我觉得这两个都可以考虑。

Q：那比如说两个城市中有一个举办过马拉松，另外一个没有举办过马拉松，您会觉得这两个城市给您的印象有什么不同吗？

A：大城市基本上都举办过，如果是三四线城市，一般从全民健身和吸引旅游的角度来讲，我觉得一定要有资金支持，否则没有赛事公司会去接这个赛事的。

Q：我们主要是考虑，比如说一个举办过马拉松的城市可能会让您感觉是比较青春，比较活力，如果另外一个城市没有举办过马拉松，您可能就会觉得是没有特色。会给您带来这样认知上的差异吗？

A：哦，这个我倒是会有一点偏见，我会认为如果它愿意去举办马拉松，那第一它还是有点底蕴的，才愿意筹备。第二它一定是有卖点的，会拿最好的路线让你来跑，它一定是为了通过马拉松赛事去宣传自己，来拉动流量或者消费才可以。我个人也参加过一些乡村化的马拉松，直接跑到村子里面，确实有点没意思。

Q：想问一下整个跑圈的人，领跑团大概年龄层是在 30 岁左右吧？

A：领跑是有年龄要求的，我们最年轻的领跑员 26 岁，在读书。

Q：那我想问一下，你们跑团的团员，他们一开始是为了什么来跑马拉松的呢？

A：我觉得可能有人像我一样就是跑着跑着觉得可以跑，从半马到全马，有种循序渐进的感觉，这算一种荣誉和个人对这种目标的一个追求。另外一点的话可能就是大家跟风，但能坚持下来的人，我觉得到最后还是一种爱好。但也有一些人会逐渐停跑，因为伤病比较多，他有可能慢慢就淡出这个圈子了，有人是因为家里生孩子，那可能生活的习惯改变了，他也会停跑，也不是说没有爱好了，只是说可能有一些其他的选择吧。当然我觉得跑步这个事情，如果是有机会的话，他们还是会回来的，咱们现在做服务也会觉得很开心，都是愿意分享的。另外一点可能算是一种情怀吧，有情怀了也会继续往下走，但是我们也没有什么商业性，就是想让大家能够尽可能地去获得自己想要的结果，比如说健康或者是提高成绩也好，最终回头看也不会后悔这段路就可以了。

Q：那您自己是一个跑团团长，平时会再去拓展一下新的成员进来吗？会主动跟自己朋友宣传一下马拉松这方面的知识吗？

A：我们对于招新的需求是很迫切的，因为我们每年都有赛事目标，这个赛事目标虽然不是我们的唯一目标，但是它是我们强有力的拉动力。我会要求每年的新生，尽可能地去做宣讲，然后把他们拉到赛道上，逐渐培养他们的兴趣，也会带他们去爬山，大家一块儿去走走。目前大家对跑步的兴趣还是非常浓厚的，因为现在比较流行嘛，所以说这些新人来了以后就比较愿意去听你讲，然后再通过一两次的活动，或者就是知难而退了，觉得确实不适合他们。但我们大多数都在解决他们的后顾之忧，尽可能让大家能够多来参与，我们也组织有训练营，教你怎么去跑步，给你布置一些任务，如果能完成，你会体验到一些跑步的乐趣。然后会逐渐鼓励他们去参赛，甚至带他们去北京奥林匹克森林公园完成自己的第一个半马，有时候会带他们去爬山。很多人在北京生活这么多年并不知道北京有很好的山路可以去跑，我们会引导他们去户外，往这个圈子里面走，逐步再通过这个过程，最后去赛事上体验，这样他会对这个项目有一个黏性，就可以继续往下循环两三年，我们把这个过程称之为"沉淀"，通过3—5年的沉淀，这个俱乐部就可以有一帮能跑的人在一起，才有活力，这是我们现在在做的一些事情。

Q：那比如说您到之前没去过的城市，然后您经过那场马拉松之后会不会对这个城市的印象有所改变，导致您之后再想去旅游的时候，会想选这个地方再去一次呢？

A：嗯，这是肯定的。因为我觉得我所跑过的城市，北京就不说了，厦门确实是因为跑马拉松才去的第一次，像我刚才说的吉林也是一样的。芝加哥原来去过一次，但就是简单走走，纽约去过好多次，这次去跑马拉松的体会是不一样的，因为这个赛道还有其他的体验是不一样的。然后是柏林，我觉得如果下次再去的话，可能对柏林的亲切感会更强一点。因为我去跑步的时候不是说自己跑完就回来，基本上社交层面会更多一点，每个地方我都会联系当地的跑团团长，因为我们都在一个圈子里面，大家也会交流一些相关的事情，也会教他们怎么处理问题。我会联系到纽约和芝加哥校友会相关的人，他们会有一些

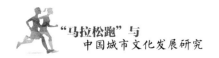
校友之间的服务，这算是一种增值服务吧，这是我喜欢的方式。但有些人也喜欢自己去到那个酒店，然后跑一场比赛，看看这个城市就走。我觉得这可能也是马拉松丰富的一部分吧，每个人都可以找到自己想要的东西。

Q：好的，谢谢您的参与，这次访谈就到这里。

A：好的，不客气。

参考文献

［1］Arkes，H. R. ，Garske，J. P. （1982）. Psychological theories of motivation ［M］. Monterey：Brooks/Cole.

［2］Baloglu，S. ，McCleary，K. W. （1999）. A model of destination image formation ［J］. Annals of Tourism Research，26 （4），868－897.

［3］Knechtle，B. ，Knechtle，C. ，Rosemann，T. J. （2018）. Pacing of an untrained 17-year-old teenager in a marathon attempt ［J］. International Journal of Exercise Science，11 （6）：856－866.

［4］Beerli，A. ，Martín，J. D. （2004）. Tourists' characteristics and the perceived image of tourist destinations：A quantitative analysis—a case study of Lanzarote，Spain ［J］. Tourism Management，25 （5），623－636.

［5］Bigné Alcañiz，E. ，Sánchez García，I. ，Sanz Blas，S. （2009）. The functional-psychological continuum in the cognitive image of a destination：A confirmatory analysis ［J］. Tourism Management，30 （5），715－723.

［6］Brown，G. ，Chalip，L. ，Jago，L. ，Mules，T. Developing brand Australia：Examining the role of events ［C］. // Morgan，N. ，Pritchard，A. ，Pride R. Destination branding：Creating the unique destination proposition. Oxford：Betterworth-Heinemann，2004.

［7］Chalip，L. ，Costa，C. A. （2005）. Sport event tourism and the destination brand：Towards a general theory ［J］. Sport in Society，8 （2）：218－237.

［8］Chalip，L. ，Green，B. C. ，Hill，B. （2003）. Effects of sport event media on destination image and intention to visit ［J］. Journal of Sport Management，17 （3）：214－234.

［9］Charmaz，K. （2004）. Premises，principles，and practices in qualitative

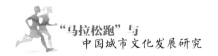

research: Revisiting the foundations [J]. Qualitative Health Research, 14 (7): 976-993.

[10] Corbin, J. M., Strauss, A. (1990). Grounded theory research: Procedures, canons, and evaluative criteria [J]. Qualitative Sociology, 13 (1): 3-21.

[11] Crompton, J. L. (1979). An assessment of the image of Mexico as a vacation destination and the influence of geographical location upon that image [J]. Journal of Travel Research, 17 (4): 18-23.

[12] Deci, E. L., Ryan, R. M. The empirical exploration of intrinsic motivational processes [C]. // Berkowitz L. Advances in Experimental Social Psychology. New York: Academic Press, 1980.

[13] Deng, Q., Li, M. (2014). A model of event-destination Image Transfer [J]. Journal of Travel Research, 53 (1): 69-82.

[14] Essex, S., Chalkley, B. S. (1998). Olympic Games: catalyst of urban change [J]. Journal of Travel Research, 17: 187-206.

[15] Fakeye, P. C., Crompton, J. L. (1991). Image differences between prospective, first-time and repeat visitors to the Lower Rio Grande Valley [J]. Journal of Travel Research, 30 (2): 10-16.

[16] Fomell, C., Larcker, D. F. (1981). Structural equation models with unobservable variables and measurement errors [J]. Journal of Marketing Research, 18 (24): 39-50.

[17] Fishbein, M., Ajzen, I. (1975). Belief, attitude, intention, and behavior: An introduction to theory and research [M]. Mass: Addison-Wesley.

[18] Gibsonb, K. K. (2012). Event image and traveling parents' intentions to attend youth sport events: A test of the reasoned action model [J]. Europcan Sport Management Quarterly, 12 (1): 3-18.

[19] Gibson, H., Qi, C., Zhang, J. (2008). Destination image and intent to visit China and the 2008 Beijing Olympic Games [J]. Journal of Sport Management, 22: 37-39.

[20] Gwinner, K. (1997). A model of image creation and image transfer in event sponsorship [J]. International Marketing Review, 14 (3): 145-158.

[21] Kaplanidou, K. (2010). Active sport tourists: Sport event image considerations [J]. Tourism Analysis, 15: 381−386.

[22] Kaplanidou, K., Vogt, C. (2007). The interrelationship between sport event and destination image and sport tourists' behaviours [J]. Journal of Sport Tourism, 12 (3−4): 183−206.

[23] Kim, S., Morrison, A. M. (2005). Change of images of South Korea among foreign tourists after the 2002 FIFA World Cup [J]. Tourism Management, 26: 233−247.

[24] Klint, K. A., Weiss, M. R. (1987). Perceived competence and motives for participating in youth sports: A test of Harter's competence motivation theory [J]. Journal of Sport Psychology, 9 (1): 55−65.

[25] Kong, W. H., du Cros, H., Ong, C. E. (2015). Tourism destination image development: A lesson from Macau [J]. Internationa Journal of Tourism Cities, 1 (4): 1−17.

[26] Lafferty, B., Goldsmith, R., Hult, G. (2004). The impact of alliance on the partners: A look at cause-brand alliances [J]. Psychology & Marketing, 21: 509−531.

[27] Lai, K. (2018). Influence of event image on destination image: The case of the 2008 Beijing Olympic Games [J]. Journal of Destination Marketing & Management, 7: 153−163.

[28] Leisen, B. (2001). Image segmentation: The case of a tourism destination [J]. Journal of Services Marketing, 15 (1): 49−66.

[29] Masters, K., Ogles, B., Jolton, J. (1993). The development of an instrument to measure motivation for marathon running: The motivations of marathoners scales (MOMS) [J]. Research Quarterly for Exercise and Sport, 64: 134−143.

[30] McCracken, G. (1986). Culture and consumption: A theoretical account of the structure and movement of the cultural meaning of consumer goods [J]. Journal of Consumer Research, 13 (1): 71−84.

[31] Ogles, B., Masters, K. (2003). A typology of marathon runners based on cluster analysis of motivations [J]. Journal of Sport Behavior, 26: 69−85.

[32] Rauter, S., Doupona, M. (2014). Runners as sport tourists: The

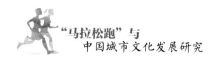

experience and travel behaviors of Ljubljana Marathon participants［J］. Collegium Antropologicum，38：909－915.

［33］ Ryan，R.，Deci，E.（2000）. Self-determination theory and the facilitation of intrinsic motivation，social development，and well-being ［J］. American Psychologist，55：68－78.

［34］ San Martín，H.，Rodríguez del Bosque，I. A.（2008）. Exploring the cognitive-affective nature of destination image and the role of psychological factors in its formation［J］. Tourism Management，29 （2）：263－277.

［35］ Vroom，V. H.（1964）. Work and motivation［M］. Oxford：Wiley.

［36］ Xing，X.，Chalip，L.（2006）. Effects of hosting a sport event on destination brand：A test of co－branding and match－up models［J］. Sport Management Review，9：49－78.

［37］ Zach，S.，Xia，Y.，Zeev，A.，et al.（2017）. Motivation dimensions for running a marathon：A new model emerging from the Motivation of Marathon Scale（MOMS）［J］. Journal of Sport and Health Science，6 （3）：302－310.

［38］ Acar Z.，Gündüz，N.（2017）. Participation motivation for extracurricular activities：Study on primary school students［J］. Universal Journal of Educational Research，5（5）：901－910.

［39］ Zouni，G.，Markogiannaki，P.，Georgaki，I.（2021）. A strategic tourism marketing framework for sports mega events：The case of Athens Classic（Authentic）Marathon［J］. Tourism Economics，27 （3）：466－481.

［40］曹青云. 基于城市设计思想的城市魅力空间研究——以安徽省怀远县为 例［J］. 城市住宅，2021，28（02）：182－183.

［41］曾军. 都市文化研究：范式及其问题［J］. 人文杂志，2006，（02），99－103.

［42］翟文燕，张侃侃，常芳. 基于地域"景观基因"理念下的古城文化空间认 知结构——以西安城市建筑风格为例［J］. 人文地理，2010，25（02）：78－80＋60.

［43］郭安禧，黄福才，孙雪飞. 旅游动机对目的地形象的影响研究——以厦 门市为例［J］. 财经问题研究，2014，（06）：132－139.

［44］胡小武，陈友华．城市永续发展的战略与路径——张鸿雁教授"城市文化资本论"评［J］．南京社会科学，2010，（12）：81－87．

［45］胡若晨，朱菊芳．基于扎根理论的城市马拉松跑者赛事体验因素模型构建研究——以南京马拉松为例［J］．四川体育科学，2021，40（04）：11－16＋24．

［46］傅钢强，张辉，陈芬．基于混合研究方法的马拉松赛事吸引力感知维度研究［J］．中国体育科技，2020，56（06）：40－45．

［47］黄海燕．体育赛事经济影响评价的实证研究［J］．上海体育学院学报，2011，35（03）：1－6＋13．

［48］黄海燕．体育赛事与上海旅游业互动发展研究［J］．上海体育学院学报，2013，37（5）：38．

［49］姜付高，曹莉．大型体育赛事对城市旅游空间结构影响及其优化研究——以日照打造"水上运动之都"为例［J］．北京体育大学学报，2016，39（11）：38－44＋111．

［50］姜琪，刘俊一．"马拉松跑现象"文化价值生成解析［J］．体育文化导刊，2018，（03）：54－58．

［51］李亚娟．探寻城市内涵：当前中国城市文化研究的进程与范式［J］．中华文化论坛，2017，（01）：77－84．

［52］刘琨瑛，林如鹏．体育赛事与广州城市文化软实力发展研究［J］．广州体育学院学报，2013，33（06）：11－14．

［53］栾立欣，王亮．营造城市魅力空间的公共艺术设计［J］．吉林建筑大学学报，2015，32（03）：57－59．

［54］吕乐．举办地意象对体育赛事再访意愿的影响——地方依赖与地方认同的链式中介［J］．体育研究与教育，2021，36（04）：23－31．

［55］马素伟，范洪．"城市文化资本"指标体系构建及其测度研究——以江苏省为例［J］．江西农业大学学报（社会科学版），2012，11（01）：106－112．

［56］任致远．城市文化：城市科学发展的精神支柱［J］．城市发展研究，2012，19（01）：19－23．

［57］任致远．关于城市文化发展的思考［J］．城市发展研究，2012，19（05）：50－54．

［58］宋振春，李秋．城市文化资本与文化旅游发展研究［J］．旅游科学，2011，25（04）：1－9．

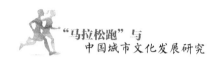
［59］王克稳，李慧，耿聪聪，等. 马拉松赛事旅游的国际研究述评、实践启示与研究展望［J］. 体育科学，2018，38（07）：80－91.

［60］王志章，吴玲. 知识城市与城市魅力构建研究［J］. 郑州航空工业管理学院学报，2010，28（01）：123－130.

［61］吴锡标. 城市文化与城市化的互动性［J］. 探索与争鸣，2005，（05）：39－41.

［62］席丽莎，刘建朝，王明浩. 城市多元文化的基因谱系及其价值化传承［J］. 城市发展研究，2019，26（09）：1－5.

［63］邢晓燕. 我国大型马拉松参赛者跑步训练参赛的动机内容与结构分析——基于跑步爱好者动机量表（MOMS）中文简版的信效度检验［J］. 体育成人教育学刊，2016，32（05）：1－7+13+95.

［64］许德金. 城市文化何以成为资本？——城市文化资本刍议［J］. 外国文学，2012，（02）：133－141+160.

［65］许春蕾. 中国城市马拉松赛事旅游效应测度与创新发展［J］. 上海体育学院学报，2020，44（09）：24－33.

［66］闫娜. 我国城市文化形象的构建与对策研究［J］. 东岳论丛，2011，32（12）：123－127.

［67］杨政. 城市文化软实力的表征结构及其构建路径分析［J］. 未来与发展，2014，38（09）：48－51.

［68］叶娜. 运动动机量表的编制：基于自我决定理论的研究［J］. 湖北体育科技，2018，37（02）：156－160.

［69］易剑东. 大型赛事对中国经济和社会发展的影响论纲［J］. 山东体育学院学报，2005，（06）：1－7.

［70］尹德斌，宋晓华，宋万杰. 石家庄城市文化魅力建构路径研究［J］. 合作经济与科技，2013，（20）：23－24.

［71］余阿荣. 大型体育赛事对城市文化软实力影响研究［J］. 体育文化导刊，2017，（12）：8－12.

［72］余晓曼. 城市文化软实力的内涵及构成要素［J］. 当代传播，2011，（02）：83－85.

［73］张鸿雁. 人类城市化的"城市文化基因"与"城市社会再造文化因子"论——城市社会进化的人类学与社会学新视角［J］. 社会科学，2003，（09）：65－73.

［74］张洛锋，张仁开. 城市核心竞争力的文化视角［J］. 北方经贸，2005，

（10）：109－110.

［75］张倩，尚金凯．保定古城城市文化基因可持续性发展研究［J］．天津城建大学学报，2021，27（04）：299－304.

［76］张小迪，王大勇．试论现代城市文化体系的构建［J］．现代城市研究，2013，28（04）：20－24.

［77］张晓琳．波士顿马拉松文化溯源与启示［J］．北京体育大学学报，2020，43（04）：134－141.

［78］张毅．基于扎根理论的戈壁挑战赛参赛者体验研究［D］．上海：上海体育学院，2020.

后 记

    自1981年中国田径协会在北京举办国内首届正规的马拉松赛事——北京国际马拉松赛以来,马拉松赛事在我国已经有四十年的发展历史。改革开放以来,随着国家政策对体育运动的提倡和鼓励,全面健身理念逐渐深入人心。作为群众喜闻乐见的项目,马拉松不仅拥有极高参与度而且蕴藏巨大商业价值,在顺应经济发展及消费观念改变的背景下获得巨大发展,形成"马拉松热",也引起学术界对马拉松赛事的关注和研究热情,马拉松赛事的相关文献数量也随着近年来马拉松的发展不断增长。随着经济的发展,体育赛事不再单单是竞技活动,而是融入更多的商业色彩,逐步向体育赛事产业化发展。随着对体育赛事与城市发展研究的深入,体育赛事与城市发展的影响因素和相互作用越来越被国内外专家重视。

    正是在这样的大背景下,本课题组开展了马拉松赛事与目的地城市发展的专题研究。通过对中国知网数据库、四川大学图书馆中外文数据库的资料检索,专著阅读和资料收集等多种方式,对"马拉松赛事""城市发展""体育赛事与城市发展的关系"等主题词有关的文献进行筛选、整理、分析和运用。另外,登录百度、谷歌等公共网络信息资源、马拉松官方网站等,搜集了马拉松发展和城市发展的历史资料。这为本课题的研究提供了丰富的研究材料,开阔了研究视野。

    本书的初衷和设想有三:一是通过定性分析从理论上分析了马拉松赛事与目的地城市之间的相互联系、相互制约的发展关系;二是理论联系实际,在质性分析结果的基础上通过定量研究探究马拉松赛事与目的地城市发展影响因素之间的内在联系,结合具体案例分析,力求为体育赛事发展和城市结构提档升级提供指导和建议;三是坚持"逻辑和历史的统一""宏观透视与微观分析相结合"的原则,力求框架、体系新颖、完整。呈现在读者面前的这本书就是依据上述设想而写的。然而,由于我们志大才疏,设想与事实或实践仍可能有一段距离,"知无不言,言无不尽"。我们诚恳倾听读者的批评,我们愿意随时修正我们的观点，与时俱进，共同提升马拉松赛事与目的地城市发展领域的研究水平。

　　本书的课题研究和大纲编撰工作主要于 2019 年完成，在随后的内容编撰过程中，"意外"接踵而至。2020 年初新冠肺炎疫情的暴发打乱了体育产业的开年计划，尤其是以马拉松为主的各类路跑赛事纷纷叫停，2020 年上半年几乎没有一场规模赛事举办。这不仅影响了马拉松跑者的计划，马拉松赛事的大量延期和取消更是对赛事公司经营和赛事产业发展形成了巨大挑战。城市马拉松赛事如何熬过"寒冬"，如何在疫情常态化的现实情况下积极谋求发展出路，将是未来很长一段时间内体育赛事和城市发展领域专家学者们需要着重探讨的议题。2021 年 5 月 22 日，甘肃白银黄河石林百公里越野马拉松中发生的悲剧更是中国马拉松的"至暗时刻"，共 172 人参赛，21 人遇难，超过 12％的参赛人员遇难，无人顺利完赛，这是迄今为止国内马拉松赛事中死亡人数最多的一次。越痛越要痛定思痛。马拉松赛事数量呈现井喷式增长、全民健身浪潮反响热烈的背后，须正确审视马拉松赛事发展的现实状况，深入研究赛事与城市发展的本质关系，加快相关标准和规则的制定，促进马拉松赛事与城市生态实现良性互动和健康发展。遗憾的是，由于时间和篇幅限制，本书未能对这些问题一一进行深入研究，难免有疏误之处，期待未来研究能对此进行更加细致的分析和实证探究。